너는 어느 편이냐?

초판 1쇄 발행   2015년 11월 09일

지은이 조성식

펴낸곳 책밭

펴낸이 유광종

책임편집 손시한

교정교열 남명임

디자인 남지현 정진영

출판등록 2011년 5월 17일 제300-2011-91호

주소 서울 중구 필동1가 39-1 국제빌딩 607호

전화 070-7090-1177

팩스 02-2275-5327

이메일 go5326@naver.com

홈페이지 www.npplus.co.kr

ISBN 979-11-85720-14-2 03070

정가 13,500원

한 국 언 론 프 레 임 전 쟁

너는 어느 편이냐?

조성식 저

이 책은 삼성언론재단 '언론인 저술지원 사업'으로 출간되었습니다.

추천사

만약 몽테스키외가 무덤에서 나오면 자신의 대명사가 된 '삼권분립론'을 수정할 것이다. 입법, 행정, 사법을 합친 '제도 권력'에 더하여 '자본'과 '언론'을 현대의 3대 권력주체로 꼽을 것이다. 이른바 '신삼권분립론'이다. 그러나 권력의 주체를 바꾸더라도 권력 사이의 견제와 균형의 원리만은 살릴 것이다. 민주사회의 핵심요소이기도 하고, 그래야만 나라의 주인인 국민의 일상이 편해지기 때문이다. 공권력과 언론이 결합한 정언유착의 해악은 심대하다.

자본과 언론의 결합은 더욱더 위험하다. 이른바 '진실'은 없다. 판단에 필요한 '사실'이 있을 뿐이다. 법의 세계에서 자주 쓰는 말이다. 언론은 더욱 그러하다. 그래도 무심한 독자는 '신문에 나는' 이야기는 진실로 받아들인다. 특정인에 대한 나쁜 이야기는 액면을 넘어 믿으려 한다.

그러나 정작 자신이 아는 이야기를 다룬 기사를 보면 진실을 빗겨난 허위와 과장이 득세함을 깨닫는다. 국민의 입장에 서서 오로지 진실만을 보도하는 언론은 없다. 모든 언론은 사건을 보는 입장과 걸린 이해관계가 다르다. 그러니 중립적인 독자가 참아 넘길 수 있을 정도의 사실이면 족하다. 언론매체 사이에도 견제와 균형이 이루어져야 한다. 그렇지 못하면 사실의 호도와 진실의 은폐가 일상적 악이 된다.

언제부턴가 한국 언론에 '프레임'의 전쟁이 이어져 왔다. 선택과 도장(塗裝)의 기교다. '보수'와 '진보' 사이를 이어주는 가교는 지극히 취약하다. 박근혜 정부 출범 초기, 한 공직자가 자리에서 물러났다. 채동욱 검찰총장 퇴임 사건은 진보-보수 언론 사이의 프레임전쟁을 극대화했다. 이 책은 프레임 이론에 치밀한 현장분석을 접목해 한국 언론의 구조적 문제를 파헤친 수작이다. 자신도 모르게 언론 프레임의 포로가 된 현세 독자는 물론 균형 잡힌 역사를 배울 권리가 있는 후세인에게도 훌륭한 사료가 될 것이다.

안경환 서울대 법학전문대학원 명예교수·전 국가인권위원장

추천사

최근 한국 사회의 모습을 가장 잘 표현해주는 말이 있다면 그것은 아마도 분열과 갈등, 불신일 것입니다. 우리나라는 국토면적으로 따지면 세계 100위권에 겨우 들만큼 작은 나라이고, 그마저도 남북으로 나뉜 세계 유일의 분단국가입니다. 그뿐 아니라 중국, 러시아, 미국 등 강대국들의 힘겨루기 속에서도 자기의 목소리를 내고자 몸부림치는 나라입니다. 이처럼 나라가 매우 어려운 상황에 놓여 있음에도 우리 사회는 계층 간, 이념 간, 세대 간, 지역 간의 첨예한 갈등과 분열·대립으로 얼마나 몸살을 앓는지 모릅니다.

우리 사회가 이러한 분열과 갈등 구도에 놓이게 된 배경에는 이 책의 저자가 지적하는 바와 같이 보수와 진보 언론의 이념 편향적인 보도도 한 몫을 차지한다고 할 수 있습니다. 언론은 우리 사회의 중요한 이슈들을 이념의 틀이 아닌, 다양하고도 공정한 시각에서 다루는 것이 무엇보다 중요합니다. 언론은 어떤 사건을 다룰 때 독자들에게 가장 객관적인 시각으로 사실을 정확하게 전달해야 할 사명이 있습니다.

따라서 언론이 스스로를 돌아보고 변화된 모습으로 다시 거듭나는 계기를 마련하는 것이 필요하리라 생각됩니다. 이러한 때에 조성식 기자님이 진보와 보수 및 중도 성향 언론의 보도 사례에 대해 심도 있게 연구한 결과를 책으로 출간하게 된 것은 매우 뜻깊은 일이라 생각합니다. 조성식 기자님은 시대의 흐름에 대한 탁월한 이해와 분석, 정치·종교·문화·경제·스포츠 각 계층의 지도자들과 격의 없는 소통으로 한국 언론의 나아갈 방향을 제시하는 귀한 인재입니다.

이 책을 통해 한국 언론이 사회 통합에 더욱 기여하고 가난하고 소외된 이들에게 꿈과 희망을 전하는 메신저로서의 사명을 다시금 확인할 수 있기를 바랍니다.

이영훈 여의도순복음교회 담임목사·한국기독교총연합회 대표회장

추천사

보수와 진보로 나뉜 언론 지형에서 나오는 혼란스러운 보도는 대중이 사실을 파악하기 어렵게 만든다. 사실이 헷갈리니 판단하기 어렵고 다수가 공감하는 해결책도 나올 수 없다. 굵직한 사건이 터질 때마다 음모론이 쌓여 간다. 천안함 사건이나 세월호 참사의 원인에 대한 진영 간 견해 차이는 비교적 정상적인 언론을 가진 그 어느 사회에서도 이해하기 어려운 수준이다.

물론 대중이 검증할 수 있는 충분한 사실을 제공하지 않은 채 자신의 해석을 강요하는 정부가 져야 할 책임이 크다. 그러나 언론은 원래 그 나쁜 정부가 내놓는 사실을 검증하고 진실을 밝혀야 할 책임이 있다. 불행하게도 우리 언론은 그 책임을 지는 데 실패해왔다. 뿐만 아니라 실패했다는 사실조차 인정하기에 인색한 태도를 보여 왔다.

그 점에서 조성식 기자의 이 책은 언론인들이 먼저 읽어야 할 것 같다. 조 기자는 이 책에서 보수언론과 진보언론이 채동욱 전 검찰총장 사태를 어떤 프레임으로 보도했는지 분석했다. 조 기자의 분석을 따라가면서 '나는 저 시기 어떤 관점에서 이 사건을 바라보고 있었나' 자연스러운 반성을 하게 됐다.

이 사건이 조선일보 보도로 알려졌을 때 그것이 채 총장에 대한 권력의 불편함에서 시작된 사건이라는 것을 느끼지 않은 언론인은 거의 없었을 것이다. 물론 채동욱 총장의 부인에도 조선일보 보도의 사실관계가 큰 틀에서 틀리지 않으리라는 것 역시 짐작할 수 있는 일이었다.

그러나 채 총장의 '사실관계 부인'을 부각한 진보언론들은 결국 나중에 그것이 거짓으로 드러났을 때 사건이 어떻게 기획됐는지를 규명할 정당성과 힘을 잃어버린 측면이 있다. 권력의 기획에는 눈 돌리지 않고 채 총장의 사생활만 '탐사보도'한 보수언론 역시 무엇을 위한 폭로였느냐는 질문을 받을 수밖에 없다. 이 한 권의 책으로 진영논리가 사라질 리는 없겠지만 보수·진보 언론이 서로 자신의 모습을 한 번쯤 돌아보는 기회로 삼기에는 부족함이 없을 것 같다.

최승호 '뉴스타파' PD · 전 MBC 'PD수첩' PD

들어가면서 :
검찰총장 혼외자 의혹 사건에 대한 소고(小考)

필자는 주간지, 월간지 등에서 사회부 기자로 20여 년간 검찰 관련 취재를 해왔다. 2010년 김대중·노무현·이명박 3개 정권과 검찰의 관계를 다룬 『대한민국 검찰을 말하다』라는 책을 펴낸 바 있다.

채동욱 전 검찰총장 혼외자 의혹 사건은 사적 성격과 더불어 공적 성격을 띤다. 사생활 문제라는 점에선 사적 영역이고 고위 공직자의 도덕성 문제라는 점에선 공적 영역이다. 그런데 이 사건은 언론이 이를 보도하기 전 청와대, 국가정보원 등 국가기관의 '불법 사찰'이 있었고, 민간인의 개인정보가 불법 유출됐다는 의혹이 제기되면서 대형 정치적 이슈로 비화했다.

이 사건이 발생했을 때 필자는 혼외자 의혹의 사실 여부 못지않게 '정치공작' 의혹에 관심을 가졌다. 고위 공직자라도 사생활은 보호돼야 한다. 다만 부도덕한 사생활이라면 언론의 검증 칼날을 피할 수 없을 것이다.

그런데 이 사건의 경우 국가기관의 공작이 있었다는 의혹이 그럴듯하게 제기됐기에 단순히 '개인 비리'로만 재단할 일이 아니었다. 이른바 보수언론과 진보언론의 보도 태도와 방향, 내용, 그리고 '팩트fact'는 하늘과 땅만큼 차이가 났다. 많은 국민이 헷갈렸다. 과연 이 사건의 사실은 무엇이고 진실은 무엇인지.

보도 이후 채 총장의 사퇴 문제를 두고 정치권에선 격렬한 논쟁이 벌어졌고, 보수·진보 시민단체의 성명과 고발이 이어졌다. 이러한 사회적 갈등의 이면엔 언론의 프레임전쟁이 있었다. 보수언론을 대표하는 조선일보는 이 문제를 공직자의 도덕성과 관련된 '개인 비리'로 규정한 반면 진보언론의 구심점인 한겨레는 정권의 입맛에 맞지 않은 검찰총장을 내쫓으려는 '정치공작'으로 간주했다.

이념 지향성이 강한 두 신문은 그간 정치·사회적 갈등을 빚은 사건들에 대해 상반된 관점에서 서로 다른 '진실'을 보도하는 경우가 많았다. 필자는 이 사건에 대한 두 신문의 논조를 프레임 분석을 통해 비교해봤다.

연구대상으로 이념적 성향이 뚜렷하지 않은 서울신문을 추가한 것은 제3지대 언론의 프레임을 비교함으로써 보수·진보 언론이 구축한 프레임의 편향성을 가늠해보기 위해서였다. 이에 더해 공인 혹은 공직자 사생활에 대한 언론 보도 실태와 보수언론과 진보언론의 프레임이 뚜렷이 구분됐던 몇몇 사례도 살펴봤다.

이러한 연구 결과를 토대로 한국 언론의 정파성과 공정성 문제를 제기하고자 한다. 책 내용 중 채동욱 전 검찰총장 혼외자 의혹 사건에 대한 언론 보도 프레임 연구는 필자의 석사논문 ('공직자 사생활에 대한 언론보도 프레임 연구', 2014) 내용을 보완한 것임을 밝혀둔다.

목차

너는
어느
편이냐?

프롤로그

2014년 11월 17일 서울중앙지방법원. 개인정보보호법 위반 혐의로 기소된 두 전직 공무원의 희비가 엇갈렸다. 한 사람은 징역 8개월의 실형을 선고받아 구속됐고, 한 사람은 무죄를 선고받았다.

채동욱 전 검찰총장 혼외자 사건에서 혼외자로 추정된 채모 군 관련 개인정보를 주고받은 혐의로 기소됐던 조이제 전 서울 서초구청 행정지원국장과 조오영 전 청와대 총무비서관실 행정관이 그들이다. 재판부는 조 전 국장을 채모 군의 가족관계등록부 정보를 유출한 주범으로 간주했다. 반면 조 전 행정관을 무죄로 판단한 이유에 대해서는 "진술이 부자연스럽고, 일관되지 않고, 허위일 개연성이 있다"고 설명했다.

조 전 행정관에 대한 판결은 일반의 예상을 벗어난 것이었다. 그가 비록 법정에선 말을 바꿨지만, 검찰 조사과정에서 조 전 국장에게 휴대전화 문자메시지로 채군 개인정보를 요청한 사실을 인정했기 때문이다. 그에 앞서 진행된 청와대 민정수석실 감찰 조사 결과도 비슷했다.

다만 청와대 조직 차원이 아닌 개인적 위법행위라는 게 당시 감찰팀의 결론이었다. 검찰의 공소사실에 따르면 조 전 행정관은 2013년 6월 11일, 평소 잘 알고 지내던 조 전 국장에게 문자메시지로 채군의 이름, 주민등록번호 등을 알리며 가족관계등록부 기록사항을 알아봐 달라고 부탁했다.

비슷한 시기, 역시 조 전 국장에게 요청해 채군 관련 개인정보를 빼냈던 국정원 정보요원 송모 씨도 유죄판결을 받았으나 실형은 면했다. 재판부는 송씨에 대해 "국가와 국민을 위해 봉사했고, 채군 어머니가 처벌을 원치 않는다"는 이유로 징역 8월에 집행유예 2년을 선고했다. 송씨의 경우 조 전 국장에게 채군 정보를 제공받기 며칠 전 강남교육지원청 교육장을 통해 채군이 다니는 학교와 아버지 이름을 확인받은 혐의에 대해서도 유죄가 인정됐다.

이로써 채 전 총장 혼외자 사건에서 개인정보를 유출한 사람들에 대한 1차적 사법처리가 마무리됐다. 알려졌다시피 이 사건은 2013년 9월 6일 조선일보 보도로 시작됐다.

그런데 언론 보도 석 달 전 청와대와 국정원 등 권력기관 관계자들이 검찰총장의 혼외자 관련 정보에 관심을 가졌다는 건 무엇을 의미할까.

검찰 수사결과에 따르면 이들 외에도 청와대 총무비서관실을 비롯해 민정·교육문화·고용복지 비서실 관계자들이 비슷한 시기에 동시다발적으로 채군 개인정보를 수집했다. 하지만 검찰은 '정당한 감찰활동'이라는 이유로 이들을 기소하지 않았다. 공직자 감찰을 하는 민정이야 직무 관련성이 있다 쳐도 나머지 비서관실에서 검찰총장의 사생활 관련 정보를 캐내려 한 이유가 뭔지, 그리고 그것이 정당한 일인지, 법에 저촉될 소지는 전혀 없는지 등은 수수께끼로 남게 됐다.

이 사건에 대한 검찰 수사는 크게 두 갈래로 진행됐다. 개인정보 유출 관련 수사가 한 축이라면 다른 한 축은 채 전 총장의 내연녀로 지목된 임모 씨, 즉 채군 어머니의 개인 비리에 대한 수사였다. 검찰은 2014년 5월 두 건에 대한 수사결과를 발표하면서 채 전 총장의 혼외자 의혹에 대해 "사실"이라고 공식 확인했다.

검찰이 기소한 임씨의 혐의는 협박·공갈과 변호사법 위반이었다. 자신에게 수천만 원을 빌려준 가사도우미를 협박해 2900만 원의 채무를 감면받고, 채 전 총장을 통해 알게 된 법조계 인사들과의 관계를 이용해 사건 청탁 명목으로 두 차례에 걸쳐 1400만 원을 받은 혐의였다.

임씨에 대한 1심 재판 선고는 2015년 1월 8일 이뤄졌다. 재판부는 검찰의 공소사실을 다 인정해 임씨에게 징역 1년에 집행유예 2년, 추징금 1400만 원을 선고했다. 재판부는 "죄질이 나쁜데도 책임 회피에 급급했다"고 임씨를 꾸짖었다. 임씨가 사람을 동원해 가사도우

미에게 "검찰총장과 아이 관계를 발설하지 말라"고 협박한 혐의도 인정됐다.

그에 앞서 2014년 12월 4일에는 채 전 총장의 '스폰서'로 의심받은 고교 동창 이모(57) 씨에 대한 항소심 선고가 있었다. 그는 회사 돈을 빼돌려 임씨 아들 채군의 계좌로 2억 원을 송금한 혐의(횡령)로 기소됐다. 검찰은 임씨의 개인 비리를 수사하던 중 그의 혐의를 포착했다. 1심에서 징역 3년의 실형을 선고받았던 그는 이날 항소심에서 집행유예로 풀려났다. 검찰도 그도 상고를 포기해 형이 확정됐다.

2015년 10월 15일 서울고등법원 형사3부는 폭력행위(공동 공갈), 변호사법 위반 혐의 등으로 기소된 임씨에게 1심과 같은 판결을 내렸다.

WHICH
SIDE
ARE YOU
ON?

누가
검찰총장을
쏘았나

WHICH
SIDE
ARE YOU
ON?

누가 검찰총장을 쏘았나

오늘날 한국사회의 권력은 세 가지다. 정치권력과 경제권력, 그리고 언론권력이다. 정치권력은 한국 현대사에서 오랫동안 강력한 힘을 발휘하며 나머지 두 권력을 압도해왔다.

권력의 판도가 바뀐 기점은 1987년 6월 시민항쟁. 이후 이른바 권위주의 시대가 끝나고 민주화 시대가 열리면서 재벌로 대표되는 경제권력과 언론권력의 힘이 차츰 커지더니 어느 순간 정치권력과 대등하거나 이를 뛰어넘는 수준에 이르렀다. 강준만은 언론권력의 강력한 부상을 '권력변환'이라는 용어로 설명했다.[1]

2013년 언론 보도로 촉발된 검찰총장 낙마 사건은 언론권력의 힘을 여실히 보여준 사례다. 2013년 9월 6일 국내 일간지 중 최대 부수를 자랑하는 조선일보는 채동욱 검찰총장의 혼외자 의혹을 제기

---

1 강준만, 『권력변환: 한국언론 117년사』, 인물과사상사, 2000, pp.12~13.

했다.[2] 1면 헤드라인을 장식한 이 기사가 나온 지 한 달이 채 안 돼 채동욱은 결국 검찰 총수직에서 물러났다.[3]

이 사건이 전개되는 과정에 한국 사회는 공직자 사생활에 대한 언론 보도의 적절성과 그 정치적 함의를 놓고 격렬한 논쟁에 휩싸였다. 이슈를 선점한 조선일보가 국민의 알 권리를 내세우며 공직자에 대한 감시와 견제라는 언론의 전통적인 기능을 강조한 반면, 이념지형에서 조선일보와 대척점에 선 것으로 평가받는 한겨레는 혼외자 의혹이 불거진 정치적 배경을 파고들면서 권언勸言유착 의혹을 제기했다.

이 사건을 검찰총장의 '개인 비리'로 간주한 조선일보는 공직자의 도덕성 검증 차원에서 진실을 규명해야 한다는 논조를 폈다. 하지만 한겨레는 이를 '검찰 흔들기'로 규정했다. 사건의 배경에 정권의 입맛에 안 맞는 검찰총장을 축출하려는 정권 차원의 공작이 있었다는 의혹 제기였다.[4]

국가정보원 대선 개입 사건에 대한 검찰의 대대적인 수사는 진보진영의 18대 대통령선거 결과 불복운동에 빌미를 제공하는 등 현 정권에 타격을 입혔다. 한겨레를 비롯한 일부 언론은 청와대와 국정원

2 송원형·김은정, "[단독] 채동욱 검찰총장 婚外아들 숨겼다", 「조선일보」, A1면, 2013.9.6.

3 2013년 4월 4일 취임한 채동욱은 그해 9월 30일 대검찰청에서 퇴임식을 했다. 사퇴하는 순간까지 그는 혼외자의 존재를 부인했다.

4 채동욱은 18대 대통령 선거 당시 국가정보원 직원들이 인터넷 커뮤니티와 트위터에 여당 후보에 유리한 글을 올리고 이를 조직적으로 전파했다는 이른바 국정원 댓글사건에 대한 수사 및 기소 과정에 청와대, 법무부와 마찰을 빚었다.

이 합작해 검찰총장의 혼외자 관련 정보를 조선일보에 흘렸을 개연성에 주목했다.

한겨레는 청와대의 불법 사찰査察 의혹과 개인정보 유출 문제를 혼외자 의혹의 대립적 이슈로 부각했다. 조선일보와 한겨레를 제외한 나머지 언론은 대체로 양비론을 취하며 혼외자 의혹과 국가기관의 개입 의혹을 대등한 관점에서 다뤘는데, 일부 매체는 후자에 더 비중을 뒀다.

한겨레로 대표되는 진보언론은 사건 초기 채 총장의 강력한 부인否認을 바탕으로 혼외자 의혹이 사실이 아닐 수도 있다고 추론했다. 설령 사실이라 할지라도 공직자의 직무와 관련 없는 사생활 영역에 속하는 일이므로 총장이 물러날 일은 아니라는 논조를 보였다. 반면 조선일보로 대표되는 보수언론은 혼외자 의혹에 대한 진상규명이 반드시 필요하고, 사실이라면 채 총장의 퇴진이 불가피하다는 견해를 보였다. 하지만 일부 보수언론은 이와 별개로 정치공작 의혹을 규명하는 데도 적극적인 태도를 보여 눈길을 끌었다.

이 사건에 대한 국민의식은 거의 반반으로 갈렸다. 여론조사기관 모노리서치가 사건 초기 전국 성인남녀 1,285명을 대상으로 조사한 결과 응답자의 47.1%가 "고위공직자라도 사생활을 보호해야 한다"라고 답했다. 반면 "알 권리 차원에서 공개해야 한다"라고 응답한

사람은 44.8%였다.[5]

법무부 감찰관실의 진상조사가 진행되던 무렵 MBC의 의뢰를 받아 리서치앤리서치가 1,000명을 대상으로 실시한 여론조사 결과는 이와는 다른 각도에서 국민의 생각을 보여줬다. 검찰총장의 혼외자 의혹에 대해 응답자의 48.0%는 "고위 공직자의 도덕성 문제"라고 답했고, "검찰 흔들기"라는 의견은 39.2%로 나타났다.[6]

국민의 시각에서 알 권리인 표현의 자유는 올바른 여론 형성에 꼭 필요한 것으로 민주주의의 전제가 되는 것이다. 그러나 타인의 사생활을 들춰 명예를 훼손하는 보도는 불법행위다. 다만 공직자의 경우 국민의 선택과 감시를 받기 위해 사생활이 일정 부분 공개될 수밖에 없다.[7]

공직자의 사생활과 관련된 언론 보도는 찬반 논란과 별개로 '공적 사안의 영역'이라는 점에서 법적으로는 사생활 침해에 따른 책임을 면제받는다. 다만 공적 사안에 관한 보도일지라도 악의적 공격에 해당할 경우 명예훼손 소지가 있다는 것이 법조계 판례다.

물론 혼외자 의혹이 사실인 경우 이것이 보호해야 할 사생활에 해당되는지에 대해 논란이 있을 수 있다. 직무수행과 관련이 없고

---

5 뉴스와이어, "공직자 사생활 보호 47.1%, 알 권리 차원 공개 44.8%", 2013.9.16, www.newswire.co.kr.

6 조영익, "[MBC여론조사] 채동욱 감찰, 도덕성 문제 48%, 검찰 흔들기 39.2%", 「MBC」 뉴스데스크, 2013.9.21., www.imbc.com.

7 남성원, "공직자 혼외자 보도는 공적 영역, 악의적 공격이라면 명예훼손", 「신동아」, 2013년 11월호, p.174.

이미 종결된 과거의 일이고 당사자 누구도 문제를 삼지 않았기 때문에 법적 분쟁의 대상도 아니라는 점에서 사생활 영역이라고 볼 수도 있을 것이다. 반대로 검찰총장이라는 자리가 엄격한 도덕성이 요구되는 만큼 비록 사생활이라 할지라도 마땅히 공개되고 심판받아야 할 사안이라고 여길 수도 있을 것이다.

공직자, 혹은 공인의 혼외자 논란은 과거에도 종종 있었다. 전직 대통령이 혼외자로부터 친자親子확인 소송을 당한 일도 있고 현직 장관이 혼외자 여부를 가리는 문제로 법적 분쟁에 휘말린 적도 있다. 그 장관은 친자확인 소송에서 유전자 검사에 응하지 않아 패소했지만 장관직을 그만두지는 않았다. 많은 독자를 거느린 유명 작가의 혼외자 문제가 불거져 화제가 되기도 했다.

과거의 비슷한 사건들과 달리 채동욱 전 검찰총장의 혼외자 사건이 유난히 격렬한 논쟁을 불러일으킨 데는 정치적 이해관계가 엇갈리는 보수·진보 집단 간의 힘겨루기가 작용했다. 좀 더 정치적으로 해석하면 박근혜 정부에 우호적인 측과 비판적인 측이 검찰총장의 사생활 비리 의혹을 두고 충돌한 것이다.

여기엔 언론의 정파성도 영향을 끼쳤다. 기존 여러 연구에서 드러났듯 보수언론과 진보언론은 정치·사회적 갈등 사안에 대해 종종 상반된 보도로 논쟁을 부추기거나 주도했다. 이는 보수·진보 진영의 이념적 대립과 같은 맥락이다. 언론과 여론이 서로 영향을 끼치는 관계임을 고려하면, 여론의 분열은 보수·진보 언론의 엇갈린 시각과 일맥상통한다.

같은 사안에 대한 조선일보와 한겨레의 대립적인 보도는 채동욱이 검찰총장에서 물러난 후에도 지속됐다. 조선일보는 끝까지 혼외자 의혹의 진위를 가리는 데 치중했고, 한겨레는 청와대, 국정원 등 국가기관의 불법 사찰 의혹 이슈를 이끌고 나갔다.

언론의 논조 차이는 서로 다른 프레임을 사용한 데서 비롯된다. 프레임frame은 뉴스의 틀을 말한다. 엔트만에 따르면 프레이밍framing은 '선택'과 '부각'을 수반한다.[8] 이를 채동욱 전 검찰총장 혼외자 의혹 사건에 적용하면, 조선일보는 '공직자 도덕성'과 '국민의 알 권리'라는 프레임을, 한겨레는 '불법 사찰' 혹은 '검찰 흔들기' 프레임을 사용해 각자의 정치적 이념과 언론관, 세계관에 맞는 내용을 선택하고 부각한 셈이다. '선택'과 '부각'에는 필연적으로 '배제'가 따른다. 자신이 선호하는 틀에 맞지 않는 내용은 배제하거나 소홀히 다루기 마련이다.

한 공직자의 사생활 문제가 보수·진보 진영 간 정치적 대결로 비화한 것은 매우 흥미로운 연구 주제가 아닐 수 없다. 이 책에서는 한국 신문의 정파성과 공정성에 대한 논의 및 기존의 프레임 연구를 바탕으로 채 전 총장 혼외자 의혹 사건에서 언론의 프레임이 어떻게 작동했는지 살펴보고자 한다. 언론이 자신의 정치적 이념과 가치관에

---

8 Entman,R.M., "Framing: Toward clarification of a fractured paradigm", 『Journal of Communication』, 43(4), Evanston: Northwestern University, Autumn 1993, p.52.

맞는 보도를 하기 위해 어떤 '선택'과 '부각'을 하고 어떤 '배제'를 했는지 실제 지면에 게재된 기사의 구조와 배치를 통해 확인하려는 것이다. 이는 언론의 정파적 보도가 논쟁적인 여론 형성에 어떤 영향을 끼치는지를 살펴보는 것과도 관계가 있다.

WHICH
SIDE
ARE YOU
ON?

한국 언론의 정파성과 공정성

WHICH
SIDE
ARE YOU
ON?

한국 언론의 정파성과 공정성

정파성 논란은 대체로 매체의 정체성이나 이념성에서 비롯된다. 채동욱 사건에 대한 언론 보도 프레임이 논란이 된 것도 정파성 때문이다. 한국 언론의 정파성을 논할 때 주 대상은 신문이 될 수밖에 없다. 방송지상파은 사기업인 신문에 비해 공적 성격이 강한 데다 후발주자인 민영방송 SBS를 빼고는 정부에 예속될 수밖에 없는 지분구조를 가졌다. 이념보다는 정권에 따라 정체성을 달리해왔다.

한국 방송의 양대 세력인 KBS, MBC는 오랜 세월 친여親與 경향을 나타냈다. 이는 양 방송사 사장과 경영에 참여하는 이사들을 대통령이 결정하는 구조에 기인한 것이다.

KBS의 경우 11인으로 구성된 이사회에서 사장 후보를 선임하면 대통령이 인가하는 형식으로 임명한다. 이사는 방송통신위원회방통위에서 추천하고 대통령이 임명한다.

MBC 사장은 방송문화진흥회방문진에서 임명한다. 9명의 방문진

이사 임명권은 방통위가 가진다. 방송통신위원은 모두 5명이다. 대통령이 2명을 임명하고, 여당에서 한 명, 야당에서 2명을 추천해 구성된다. 3대 2의 구도인 셈이다. 위원장은 대통령이 임명한 2명 중한 명이 맡는다.

그렇기에 양 방송사 사장은 늘 정권과 코드가 같은 인사가 임명됐다. 메인 뉴스를 비롯한 주요 프로그램은 정권의 입맛에 맞는 내용으로 채워지곤 했다. 정권이 바뀌면 보도 성향이 180도 달라지곤했다. 단적인 예로 노무현 정부 때 두 방송사의 보도는 진보 성향을띠었고, 이명박 정부 때는 정반대 색깔로 바뀌었다.

이런 사정을 헤아리면 방송은 정파성을 논하기에 적절치 않음을알 수 있다. 따라서 여기선 주로 신문을 분석대상으로 삼기로 한다.

오랫동안 정치권력에 예속됐던 한국 언론이 독자적인 세력을 구축한 것은 1987년 6월 시민항쟁 이후다. 이전까지 한국 언론은 권위주의 국가권력에 포획돼 있었으며, 발전국가의 정당성을 확보하는대중 설득의 주요한 도구였다.[9]

노태우 정부에서 노무현 정부까지 4개 정권과 언론의 관계를 연구한 남재일의 분석에 따르면, 노태우 정부 때는 정권의 통제에 언론이 순응한 '정권 일방적 협조 관계'였다. 김영삼 정부 때는 정권의회유에 언론이 자발적으로 협조한 '정권 중심적 유착관계', 김대중

9 강명구, "한국 언론의 구조변동과 언론전쟁", 「한국언론학보」, 48권 5호, 2004.10. p.325.

정부 때는 갈등을 겪으면서도 부분적으로 유착한 '갈등적 유착관계'였다. 그리고 노무현 정부 때는 정권과 언론의 유착 관계가 급진적으로 단절되면서 '자율적 긴장관계'를 유지했다.[10]

박정희 정권에서 전두환 정권으로 이어진 억압적 권위주의 체제가 무너진 후 한국 언론은 민주화 시대의 총아로 떠올랐다. 사회 각계의 민주화와 더불어 언론사 내부의 민주화도 진행됐다. 편집권 독립과 공정보도에 대한 기자들의 열망은 노동조합과 공정보도위원회를 출범시켰다.

이 시기 한국 신문시장의 판도를 바꾸는 상징적인 사건이 일어났다. 바로 한겨레의 창간이다. 1988년 5월 국민 공모주를 근간으로 설립한 이 신문의 창립 주역은 유신치하에서 해직된 조선일보·동아일보 기자들과 1980년 언론통폐합 조치로 강제 해직된 기자들이었다. 제도권 밖에서 투쟁하던 이들이 주도한 한겨레는 기존 제도권 신문과 이념이나 노선에서 차이가 날 수밖에 없었다. 언론학자들은 이를 신문시장의 다양화로 해석하기도 한다. 이를테면 "이념적 차별화가 없던 한국의 신문시장에 진보적 성향의 한겨레신문이 등장하면서 신문시장은 다양화되기 시작했다"는 평가가 그렇다.[11]

한겨레가 언론시장에서 자리를 잡은 이후 한국 언론의 지형은

----

10 남재일, "1987년 민주화 이후 취재관행에 나타난 정권-언론 관계 변화: 청와대 출입기자의 경우", 『한국언론학보』, 50권 4호, 2006.8, pp.120~121.

11 최현주, "한국 신문 보도의 이념적 다양성에 대한 고찰: 6개 종합일간지의 3개 주요 이슈에 대한 보도 성향 분석을 중심으로", 『한국언론학보』, 54권 3호, 2010.6, p.400.

보수와 진보로 양분된다. 여기엔 정부의 언론정책도 영향을 끼쳤다. 노태우·김영삼 정부의 언론정책은 직접 통제 방식에서 비공식적 협력과 산업 규제 방식으로 바뀌었다.[12] 정치권력으로부터 독립되면서 언론은 독자적인 목소리를 내기 시작했다. 정치적 이념에 따라 편이 갈렸고 언론이 경제적 이익을 추구하는 것이 자연스러워졌다. 특히 공공재 성격이 강한 방송과 달리 신문은 언론의 공적인 기능은 유지하면서도 시장논리에 충실한 사기업적 면모를 갖춰갔다.

이에 대해선 "시장권력이 정치권력보다 더 무서운 통제 장치로 등장했다"는 강준만의 지적을 참고할 만하다. 강준만은 "6월 항쟁 이후 한동안 언론사 내부의 노동조합 운동은 언론민주화에 적잖은 기여를 하였으나 날이 갈수록 심화된 언론사 간 생존경쟁과 그에 따른 자사自社 이기주의로 인해 언론개혁에 큰 기여를 할 수 없는 것이 분명해졌다"고 진단했다.[13]

이 점에 주목해 조상호는 일종의 대안언론으로서 출판저널리즘의 중요성을 강조하기도 했다. 그는 "언론이 권력으로부터 자유로워졌다고 해서 그것으로 곧 언론이 독립적이고 책임 있는 기관이 되었음을 의미하는 것은 아니"라면서 "언론은 자본을 비롯한 사적 이익에 훨씬 더 직접적으로 노출되어 있다는 점에서 언론사 밖에서의

12 강명구, 앞의 글, p.325.
13 강준만, 앞의 책, pp.632~633.

언론기능의 수행이 더욱 요구"된다고 주장했다.[14]

이처럼 시장권력에 종속된 언론의 사기업적 행태를 부정적으로 보는 시각도 있지만, 자본주의 체제에서 언론이 경제적 이익을 추구하는 건 자연스러운 현상이라는 평가도 있다. 심지어 "언론은 그 자체가 산업이다. 그것이 산업인 이상 그것의 지상과제는 이윤 추구다"라고 단언한 언론학자도 있다.[15]

김영삼 정부 때부터 언론의 사회적 영향력은 예전과 비교할 수 없을 만큼 커졌고, 보도의 성역이 하나둘씩 허물어지면서 정치권력에 버금가는 힘을 누리기 시작했다.

이념적 지형에 따른 한국 언론의 정파성이 두드러지게 나타난 것은 김대중 정부 출범 이후다. 더 정확히 말하면 1997년 15대 대선 때부터다. 여당 후보 이회창과 야당 후보 김대중이 맞붙은 이 선거에서 언론의 논조는 정치적 이념에 따라 뚜렷이 차이가 났다. 일부 보수언론은 노골적으로 여당 후보를 지지하는 보도 행태를 보여 논란이 일기도 했다. 반면 진보 성향의 언론은 야당 후보의 당선에 대한 기대감을 감추지 않았다.

최초의 수평적 정권 교체라는 평을 들은 김대중 정부가 들어선 후 언론의 정파성이 본격적으로 나타났다. 정권 비판 매체와 정권 지지 매체로 갈라진 것이다. 강명구는 이에 대해 "정권 지지와 반대를

14 조상호, 『한국언론과 출판저널리즘』, 나남, 1999, p.401.
15 김준철, "언론의 권력과의 관계에 대한 이론적 의미", 『출판문화학회보』, 10권 1호, 2002, p.24.

따라 나눠진 언론정치가 언론의 위기를 심화시키는 중요한 원인으로 작용하게 됐다"고 진단했다.[16]

김대중 정부 출범 첫 해인 1998년 한화그룹에서 분리돼 사원주주제 독립신문으로 거듭난 경향신문이 진보적 색채를 띠면서 한겨레와 같은 그룹을 형성했다.

보수신문의 대명사인 '조중동'이라는 용어가 공공연히 쓰이게 된 것도 이 무렵이다.[17] 이들 세 신문이 정권에 대해 철저히 비판적인 신문으로 돌아선 배경엔 정치적, 시장구조적 이유가 있었지만, 김대중 정부의 섣부른 언론개혁 정책이 빌미가 됐다는 시각도 있다. 김동률은 이에 대해 "태생적으로 한계를 지닌 지역적 소수자 정권인 김대중 정부가 애초부터 영남과 보수층으로 대별되는 주류 언론과 대립하는 것은 필연적일 수밖에 없는 선택이었기 때문에 뚜렷한 긴장관계를 유지했다"고 분석했다.[18]

김대중 정부는 김영삼 정부가 시늉만 했던 언론사 세무조사를 단행했다. 2001년 실시한 이 세무조사로 조선일보와 동아일보는 거액의 추징금 납부와 더불어 사주 혹은 대주주가 구속되는 시련을 겪었다. 중앙일보의 경우 그에 앞서 1999년 세무조사를 당해 홍석현 회장이 탈세 혐의로 구속된 바 있다. 남시욱은 이를 "대북유화정

16 강명구, 앞의 글, p.327.

17 조선일보, 중앙일보, 동아일보의 앞머리 글자를 따서 만든 이 용어는 2000년 10월 정연주 한겨레 논설위원이 '조폭언론 시리즈' 라는 칼럼에서 사용한 이후 공식화됐다는 게 언론계 정설이다.

18 김동률, "언론의 정치권력화", 『한국언론정보학보』, 45호, 2009년 봄, p.303.

책과 지역편중 인사를 비판하는 보수계 신문들에 대한 표적 세무조사"로 규정하는 한편 언론사들이 정부에 굴복하지 않았기에 김대중 정부의 언론 길들이기는 실패했다고 평가했다.[19]

세무조사 이후 정권에 비판적인 보수언론과 우호적인 진보언론의 대립은 더 심해졌는데, 여기에 오마이뉴스, 프레시안 등 진보 성향의 인터넷신문이 가세했다. 언론의 정파성은 2002년 16대 대선 당시 신한국당 이회창 후보 두 아들의 병역비리 의혹을 둘러싼 보도에서 극명히 드러났다.

김대중 정부를 계승한 노무현 정부는 처음부터 '적대적 언론과의 비타협'을 내세웠다. 반면 진보언론과는 김대중 정부 때보다 더 밀착하는 모습을 보였다. 노무현 정부의 이 같은 분열적인 언론정책은 지지층 결집수단이기도 했다.

하지만 우리 사회 여론의 주류를 이끌어온 보수신문과의 관계 악화는 정권의 존립 기반마저 흔들리게 했다. 그 시기 우리 사회가 유난히 시끄럽고 소모적인 이념 대결의 내홍에 시달린 데는 정부와 언론의 감정적인 대립이 상당한 영향을 끼쳤다고 보는 시각이 많다.

2004년 헌정 사상 초유의 대통령 탄핵사태를 맞아 언론의 정파성은 절정에 이르렀다. 또한 사법개혁, 국가보안법, 사학법, 종합부동산세, 전시작전통제권전작권, 한미FTA 등 거의 모든 분야의 주요

---

19 남시욱, 「한국 진보세력 연구」, 청미디어, 2009, pp.432~434.

정책을 놓고 보수언론과 진보언론은 사사건건 대립했다. 김동률의 표현에 따르면 "정부와 신문, 신문과 방송, 신문과 신문, 종이신문과 전자신문, 나아가 언론학계는 물론 지식인 사회 전체가 양분되는 갈등상황"이 노무현 정부 내내 계속됐다.[20]

'기자실 대못질'로 상징되는 노무현 정부의 언론개혁 정책도 김대중 정부와 마찬가지로 실패했다는 평가를 받는다. 한국 언론과 정권의 관계를 연구한 남재일은 김대중·노무현 정부의 '파행적' 언론정책의 원인으로 취약한 지지기반을 꼽았다. 그에 따르면 1987년 노태우·김영삼 정부까지는 보수적 지배연합의 헤게모니가 유지되던 상황이고 언론은 지배연합의 한 분파로 소속됐기에 정언政言유착이 가능했다. 그러나 김대중·노무현 정부는 보수적 연합과 갈등하는 지지기반을 가졌던 터라 구 지배연합의 분파인 언론과의 갈등이 불가피했다는 것이다.[21] 여기서의 언론은 문맥에 비춰 보수언론을 뜻하는 것으로 보인다.

김대중·노무현 정부를 거치면서 공고해진 신문의 정파성은 2007년 17대 대선 때도 여지없이 위력을 발휘했다. 이명박 후보의 BBK 주가조작 사건[22] 관련 의혹에 대해 보수신문과 진보신문의 논

20 김동률, 앞의 글, pp.303~304.

21 남재일, 앞의 글, p.101.

22 재미교포 김경준이 국내 투자자들로부터 거액의 자금을 끌어들여 금융사를 불법 인수하고 주가를 조작하는 수법으로 수백억 원을 빼돌린 사건이다. 이명박 관련 의혹이 제기된 것은 그가 한때 김경준의 동업자였기 때문. 2007년 대선 당시 김경준은 BBK의 실소유주가 이명박이라고 주장했다. 이에 이명박은 자신도 사기 피해자라며 관련 의혹을 부인했다.

조는 큰 차이를 보였다. 검찰은 이명박이 주가조작의 공범이라는 의혹에 대해 사실이 아니라는 수사결과를 내놓았다. 그러나 이에 대한 진보언론의 공격은 이명박 정부가 출범한 이후에도 산발적으로 이어졌다.

이명박 정부에서 언론의 정파성은 김대중·노무현 정부 때와 반대로 나타났다. 미국산 쇠고기 수입 파동과 촛불시위, 4대강 사업, 용산 참사, 쌍용자동차 파업 등 주요 이슈에 대해 진보언론은 정부를 맹렬히 공격한 반면 보수언론은 대체로 친정부적 성향을 보였다. 보수언론과 진보언론은 2009년 노무현 전 대통령의 뇌물수수 혐의에 대한 검찰 수사를 놓고 극한의 대립을 보였다. 2010년 천안함 사건을 놓고는 보수·진보 진영의 전통적 갈등 소재인 이념 대결의 양상이 나타나기도 했다.

2012년 18대 대선 과정에서 터진 국정원 대선 개입 사건은 박근혜 정부의 발목을 잡았다. 이명박 정부의 과오였음에도 불똥이 박근혜 정부에 튄 것이다. 국정원은 "일부 조직원의 일탈 행위"라고 해명했으나 야권은 이를 국가기관의 조직적 선거개입으로 규정하면서 박근혜 대통령도 그 수혜자로서 책임이 있다고 공격했다. 사실 국정원 직원들의 댓글이나 트위터 활동이 대선에 의미 있는 영향을 끼쳤다고 볼 증거는 빈약했다. 그러나 진보 성향 시민단체와 종교계 일부에서는 "불법적 대선 결과를 인정할 수 없다"며 대선 불복 운동을 벌였다. 이 과정에서 진보언론은 늘 그래왔듯 야권의 논리를 이끌고 전파한 반면 보수언론은 그 의미를 축소하려 했다.

이렇듯 보수·진보 진영의 싸움이 치열한 가운데 채동욱이 이끄는 검찰은 이 사건 수사와 기소 과정에 여권과 갈등을 빚었다. 조선일보 보도가 터지기 한 달쯤 전 검찰 출입기자들 사이에선 "여권에 밉보인 채 총장이 추석 전후에 날아갈지 모른다"는 얘기가 나돌았다. 풍문은 현실이 됐다. 그리고 우연의 일치인지 몰라도 채동욱을 날리는 신호탄을 쏜 것은 검찰이 국정원 사건에 대한 수사결과를 발표하기 전에 수사보고서를 빼내 보도함으로써 검찰을 난처하게 했던 조선일보였다.[23]

이상에서 살펴본 바와 같이 한국 신문의 정파성은 뿌리가 깊고 현재진행형이다. 최영재에 따르면 정파성은 언론의 편향 전략과 맞닿아 있다.

"정파적 언론이 정치권력과의 공개적 갈등 관계에서 언론사의 이해관계가 만천하에 드러나 버린 경우, 언론은 '객관성 전략' 대신에 오히려 '편향 전략bias strategy'을 사용하게 된다. 노골적인 편향 전략은 언론이 특정한 정치집단을 공격함으로써 그 정치집단의 반대편에 선, 이쪽의 지지층을 결집시키는 노림수를 감추고 있다. 정치권력과 언론이 적대적 역학관계에 빠져들수록 언론의 정치성은 더욱 높

---

[23] 채동욱은 조선일보 보도에 강한 유감을 표시하면서 대검 감찰본부에 수사보고서 유출 경위에 대한 특별감찰을 지시했다.

아지고 관련된 언론 보도의 편향성은 더욱 심해지게 된다." [24]

정파성이 두드러지게 나타난 것은 대통령 선거 때였다. 또한 노무현 정부 때의 송두율 교수 사건이나 이명박 정부 때의 미국산 쇠고기 파동, 천안함 사건과 같이 정치이념적 갈등이 내재된 사건이거나 언론 규제에 관한 이슈일수록 그 정도가 심했다.

보수언론과 진보언론은 단순히 보도 태도나 논조만으로 구분되는 게 아니다. 그 신문을 지지하는 독자그룹의 이념적 성향과도 관계가 있다. 정치권력과 언론의 관계 또한 양자의 지지계층이 일치할 때는 우호적인 관계를 유지하고 지지집단이 서로 다를 때는 정치권력과 언론이 갈등 또는 적대관계에 빠지게 된다. [25]

정파성 문제는 공정성 논의와 맞물리게 마련이다. 정파성을 갖는다고 해서 무조건 공정성을 상실한다고 볼 수는 없을 것이다. 이념성을 달리하는 신문들이 공공정책이나 사회적 이슈에 관한 다양한 의견을 사회에 유통시켜 합리적이고 비판적인 토론이 이뤄질 수 있는 장을 마련하는 데 기여한다면 이는 민주주의 실현을 위해서도 이상적이라고 할 수 있다. [26] 문제는 보수와 진보로 나눠진 신문들이 이념적 편향성으로 인해 현실의 특정 부분을 지나치게 강조하거나 배제함으로써 현실에 대한 '기본적인 사실'조차 정확하게 인식하지 못

24 최영재, "언론의 정파성과 대통령 보도, 그리고 언론자유", 『언론과 법』, 4권 2호, 2005, pp.49~50.
25 최영재, 앞의 글, p.58.
26 최현주, 앞의 글.

하게 만든다는 점이다.[27]

언론 보도의 공정성을 판단하는 것은 쉽지 않다. 법원 판결처럼 모든 언론이 받아들일 수밖에 없는 절대적 기준이 없는데다 어느 언론이든 자사 보도가 불공정하다고 선뜻 인정할 리 없기 때문이다.

공정성과 진실은 일치하지 않는다는 견해도 있다. 코바치Kovach에 따르면 공정성은 추상적이고, 진실보다 주관적이다. 검증하기가 곤란하다. 그런 점에서 균형성 또한 주관적이다. 사실은 양쪽이 똑같은 비중을 지니지 않는데도, 양쪽 모두에게 공정해짐으로써 기사의 균형을 취하는 것은 진실에 대해 공정하지 않을지도 모른다.[28]

코바치의 견해는 일리가 있지만, 언론 보도에 대한 잣대로 공정성보다 나은 개념을 찾기란 쉽지 않다. 최영재는 '언론의 공정성 시비를 측정하고 해결하는 방법' 세 가지를 제시했다. 첫째, 언론 종사자라면 누구나 인정할 편향 보도가 있었는지 여부다. 둘째, 편향성을 띤 보도라 하더라도 독립적인 판단에 따른 것인지, 아니면 정파적 이해관계나 상업적 이해에서 비롯된 건지 따지는 것이다. 셋째, 민주적 의사소통 차원에서 옳은 보도였는지 판단하는 것이다.[29] 최영재가 제시한 기준은 비교적 합리적으로 보이지만, 여전히 주관적 요소를 배제할 수 없다는 한계가 있다.

---

27 이재경, "저널리즘의 위기와 언론의 미래", 「신문과 방송」, 2004년 4월호. 최현주, 앞의 글, 재인용.

28 Kovach, Bill & Rosenstiel, Tom, 『The Element of Journalism』, New York: Three Rivers Press, 2007. 이종욱 옮김, 「저널리즘의 기본요소」, 한국언론재단, 2008, p.69.

29 최영재, "언론 자유와 공정성", 「한국언론학보」, 48권 6호, 2004.12, p.330.

공정성 시비의 핵심은 편향성이다. 편향은 균형의 결여와 전체성의 결여다.[30] 편향성과 관련해선 최선규·유수정·양성은의 연구가 흥미롭다. 연구자들은 보도에 인용된 취재원이 이념성향을 기준으로 이명박 정부 시절의 주요 사건에 대해 보도 편향성 수치의 미디어별 표준편차를 구했다.

이에 따르면 편차가 가장 큰 사건은 미디어법 국회 통과였다. 이어 용산 참사, 미국산 쇠고기 수입, 세종시 수정안, 4대강 착공식, 천안함 사건, 아랍 원전 수주, 북한 2차 핵실험, 노무현 전 대통령 검찰 소환, 노무현 전 대통령 서거 순이었다. 표준편차는 독자의 관심이 한쪽으로 쏠리는 사건일수록 작았고, 국민 여론이 첨예하게 대립됐던 이슈일수록 큰 것으로 분석됐다.[31]

김동규는 사회 갈등 보도의 문제점으로 이념적 보수성과 편향성을 꼽았다. 그에 따르면 1987년 민주화투쟁 이후 사회 전반에 걸쳐 갈등을 수렴하는 이념적 지형이 확대되고 언론 보도의 이념적 스펙트럼도 유연성을 갖게 됐다.

그러나 여전히 갈등을 제대로 수렴하기엔 이념적 지형이 좁고 얇다는 것이다. 다양하게 분출되는 사회 갈등을 긍정적으로 수렴하려면 언론의 이념적 지형의 테두리가 확대돼야 한다는 게 김동규가 제

30 강명구, 『한국 저널리즘 이론』, 나남, 1994, p.57.
31 최선규·유수정·양성은, "뉴스 시장의 경쟁과 미디어 편향성: 취재원 인용을 중심으로", 『정보통신정책연구』, 19권 2호, 2012, pp.84~86.

시한 해법이다.[32]

　공정성의 전제조건으로 흔히 거론되는 것이 다양성이다. 다양성은 서로 다른 견해를 배제하지 않는다는 점에서 공정을 실현하기 위한 전제가 되고, 비교적 합의가 가능하다는 점에서 실천적 규율을 가능하게 한다.[33] 다양성이 구현된다는 것은 다른 견해를 배제하지 않는다는 것이므로 적어도 배타적 편향성을 극복하기 위한 시도가 이뤄진다고 볼 수 있다.[34]

　실제로 언론 종사자들에게 다양성은 공정성을 측정하는 주요 기준으로 꼽힌다. 어떤 사건에서 그 매체의 주관적 인식이나 판단이 개입되는 것과 별개로 적어도 형식면에서 그와 맞지 않거나 반대되는 내용을 게재해 균형을 갖출 경우 공정성 시비가 크게 줄기 때문이다.

　신문의 다양성을 외적 다양성과 내적 다양성으로 구분한 최현주는 특히 내적 다양성이야말로 신문의 신뢰도 회복이나 독자 확보에 꼭 필요한 요소라고 주장했다.

　최현주의 견해에 따르면 내적 다양성을 확보하기 위해선 보도 영역에 따른 역할 구분이 명확해야 한다. 이를테면 사설이나 칼럼 같은 의견기사에는 자사의 이념적 성향을 드러내더라도 스트레이트에

---

32 김동규, "사회갈등 보도의 새로운 방향 찾기", 『한국언론학보』, 45권 1호, 2000년 겨울, pp.23~25.

33 조경숙 · 한균태, "한국 신문의 공정성에 대한 고찰: 미디어관련법 개정 보도에 대한 프레임 분석을 중심으로", 『사회과학연구』 36권 3호, 2010, p.139.

34 조경숙·한균태, 앞의 글, p.159.

한국 언론의 정파성과 공정성　**45**

서는 사실성과 불편부당성, 즉 관점의 균형적 제시가 이뤄져야 한다는 것이다.[35]

강명구는 공정성 문제를 세 가지 차원에서 바라봤다. 첫째, 보도 내용이 객관적인가. 둘째, 보도 내용과 과정이 사회의 공동선에 비춰 윤리적인가. 셋째, 정의로운가. 그러면서 이 세 가지 관점이 상호 배타적일 수도 있다는 단서를 달았다.[36]

이 기준을 채동욱 전 검찰총장 혼외자 의혹 사건에 대한 언론 보도에 적용할 경우 과연 어떤 평가가 나올까.

35 최현주, 앞의 글, p.423.
36 강명구, 앞의 책, p.37.

WHICH SIDE ARE YOU ON?

공인 사생활에 대한 대한 언론 보도

– 김영삼 / 김대중 / 이만의 / 이외수의 경우

공인 사생활에 대한 언론 보도
― 김영삼 / 김대중 / 이만의 / 이외수의 경우

흔히 공직자와 같은 공인의 사생활, 특히 불륜이나 혼외자 같은 내밀한 영역은 당사자가 공개적으로 말하지 않는 한 드러나기가 쉽지 않다. 대부분 여자나 혼외자 쪽에서 문제를 제기하게 마련이다. 호적 등재나 재산 상속이 주된 동기이지만 양육비나 생활비 문제로 다툼이 생기는 경우도 많다.

언론이 이를 보도하는 경로는 크게 두 가지다. 인터뷰 등을 통해 당사자의 고백을 듣거나 친자확인 소송과 같은 법적 공방을 포착하는 경우다. 채동욱 전 총장 사건이 특이한 것은 당사자 증언이나 소송이 없었음에도 언론을 통해 그 사실이 공개됐기 때문이다.

아무리 공직자라도 사생활 관련 보도는 신중할 수밖에 없다. 사실이라도 명예훼손 시비에 걸릴 수 있기 때문이다.

'사람은 자신의 사생활의 비밀에 관한 사항을 함부로 타인에게 공개당하지 아니할 법적 이익을 가진다고 할 것이므로, 개인의 사생활의 비밀에 관한 사항은, 그것이 공공의 이해와 관련되어 공중의 정당한 관심의 대상이 되는 사항이 아닌 한, 비밀로서 보호되어야 하고, 이를 부당하게 공개하는 것은 불법행위를 구성한다.' (대법원 1998.09.04 선고, 96다11327 판결)

형법에는 명예훼손과 관련해 다음과 같은 조항이 있다.

제307조(명예훼손):
①공연히 사실을 적시하여 사람의 명예를 훼손한 자는 2년 이하의 징역이나 금고 또는 500만 원 이하의 벌금에 처한다.

②공연히 허위의 사실을 적시하여 사람의 명예를 훼손한 자는 5년 이하의 징역, 10년 이하의 자격정지 또는 1000만 원 이하의 벌금에 처한다.

제308조(사자의 명예훼손): 공연히 허위의 사실을 적시하여 사자의 명예를 훼손한 자는 2년 이하의 징역이나 금고 또는 500만 원 이하의 벌금에 처한다.

제309조(출판물 등에 의한 명예훼손):
①사람을 비방할 목적으로 신문, 잡지 또는 라디오 기타 출판물에 의하여 제307조 제1항의 죄를 범한 자는 3년 이하의 징역이나 금고 또는 700만 원 이하의 벌금에 처한다.

②제1항의 방법으로 제307조 제2항의 죄를 범한 자는 7년 이하의 징역, 10년 이하의 자격정지 또는 1500만 원 이하의 벌금에 처한다.

제310조(위법성의 조각): 제307조 제1항의 행위가 진실한 사실로서 오로지 공공의 이익에 관한 때에는 처벌하지 아니한다.

형법 310조에 보듯 명예훼손에 해당하더라도 보도 내용이 공적인 의미를 띠는 경우 면책사유가 된다. 이는 표현의 자유를 폭넓게 인정하는 현대 민주주의 사회의 추세와 맞닿는다. 법원도 공직자 사생활에 대한 언론 보도에 대해 점차 관대한 경향을 보인다.

> '언론을 통해 사실을 적시함으로써 타인의 명예를 훼손하는 행위를 한 경우에도 그것이 공공의 이해에 관한 사항으로서 그 목적이 오로지 공공의 이익을 위한 것인 때에는 진실한 사실이라는 것이 증명되면 그 행위에 위법성이 없고, 또한 그 진실성이 증명되지 아니하더라도 행위자가 그것을 진실이라고 믿을 만한 상당한 이유가 있는 경우에는 위법성이 없다고 보아야 한다.' (대법원 2009.02.26 선고, 2008다27769 판결)

그간의 판례에 비춰보면 형사소송이든 민사소송이든 보도 내용이 △공공의 이익에 관한 것이거나(공공성) △그 목적이 공익을 위한 것이거나(공익성) △진실이라는 증명이 가능하면(진실성) 명예훼손에 해당하더라도 책임을 면할 수 있다는 게 법조계 견해다.

검찰 수사결과를 보면 조선일보의 채 전 총장 혼외자 보도는 진실성(사실성)을 갖춘 것이었다. 그러나 그것이 공공성과 공익성을 띤 보도였는지에 대해선 이론의 여지가 있다. 공직자의 과거 사생활이 국민의 알 권리에 해당하는지, 또 그것이 현재의 공직 업무에 영향을 끼치는 것인지에 대해선 사람들마다 생각이 다를 수 있기 때문이다.

채 전 총장 혼외자 의혹을 터뜨린 조선일보는 2009년 이만의 환경부 장관의 혼외자 문제가 불거졌을 때 프랑스 미테랑 대통령의 혼외자 사건과 비교하면서 '공직자라도 사생활은 보호돼야 한다'는 논조의 칼럼을 실었다.

> 프랑스만큼은 아닐지 몰라도, 한국에도 공직자의 사생활은 건드리지 않는다는 사회적 합의가 있다. 공직자의 사생활 소문이 황색 인터넷에 오르거나 선거 때 상대방 비방 루머를 퍼뜨리는 식의 '반칙'은 있을지 언정, 적어도 공공 영역에선 사생활 문제가 보호돼왔다. 몇몇 전직 대통령의 혼외자 문제도 있었지만, 주류 언론이나 정치권은 '침묵의 신사협정'으로 지켜 주었다.(중략)
>
> 두 사람 사이에 어떤 일이 있었는지 우리로선 알고 싶지도 않고, 알 필요도 없다. 우리가 관심을 가질 것은 그런 사생활의 문제가 A장관의 직무에 영향을 미칠 '공적(公的) 이슈'냐 하는 점이다.(중략)
>
> A장관이 지난 30여 년간의 공직 생활 중 사생활 문제로 업무에 차질 빚은 일이 있는가. 이런 질문에 대답하지 못하는 한 A장관이 퇴진해야 한다는 주장은 성립하지 않는다. 공직자에게도 보호받아야 할 사생활이 있다. "그래서 어떻다는 말이냐"는 르몽드의 생각할수록 절묘하다.[37]

채 전 총장이 혼외자를 둔 것은 법적 문제라기보다 윤리적 문제로 보인다. 그를 사법적으로 단죄하려면 간통죄를 적용해야 한다. 하지만 이는 친고죄이므로 배우자의 고소가 없으면 해당되지 않는다. 간통죄의 공소시효는 5년이다. 뒷날 검찰 수사로도 밝혀졌지만, 두 사람의 남녀관계는 오래전 종결된 것으로 추정되므로 설사 채

37 박정훈, "[태평로] 그래서 어떻단 말이냐", 「조선일보」, A39면, 2009.11.19.

전 총장의 부인이 고소를 하더라도 법적 책임을 물을 수 있을지 의문이다. 2015년 2월 26일 간통죄는 헌법재판소의 위헌 결정에 따라 폐지됐다.

채 전 총장처럼 혼외자 논란에 휩싸였던 공직자 혹은 공인은 한두 사람이 아니다. 최근 10년 사이에 이 문제로 논란이 된 유명인사 중 김영삼·김대중 두 전직 대통령, 이만의 전 환경부 장관, 소설가 이외수 씨가 돋보인다.

이들의 혼외자 의혹은 하나같이 상대 여성 혹은 혼외자의 증언이나 소송사실 등이 언론에 보도됨으로써 세상에 알려졌다는 점에서 채 전 총장의 사례와는 구별된다. 네 사람 중 세 사람은 혼외자 관련 의혹을 부인했고 한 사람만 시인했다.

김영삼YS 전 대통령은 혼외자 문제로 두 차례 소송을 당했다. 2005년 9월 70대의 이모 씨가 YS의 딸을 낳아 길렀다며 친자확인 및 위자료청구 소송을 제기한 바 있다. 유명 요정의 기생 출신인 이씨에 따르면, 그와 YS 사이에 딸이 생긴 것은 1962년 11월. 이씨는 소장에서 43세 된 딸이 혼외자로 호적에 오르지 못해 결혼을 못하고 있어 소송을 냈다"고 밝혔다. 아울러 "위자료 30억 원 중 먼저 1억 원을 지급하라"고 요구했다. 이씨는 변호사를 통해 "그간 YS 측으로부터 5~6차례에 걸쳐 양육비조로 23억 원을 현금으로 받았다"고 털어놓았다. 하지만 이 재판은 선고를 앞두고 원고 측이 갑자기 소송을 취하하는 바람에 시비가 가려지지 않았다.

이 사건은 이른바 '가오리 논쟁'으로 몇 차례 세간의 화제가 됐다. 가오리는 이씨가 YS 사이에 낳았다는 딸 '가네코 가오리한국명주oo'를 말한다. 이 문제가 세상에 처음 알려진 것은 월간지 인사이더 월드 1992년 5월호를 통해서다. 기사 제목은 '김영삼은 나의 아버지, 숨겨놓은 딸 가오리양의 눈물사연'. 이에 당시 민자당 대표최고위원이던 YS는 사실무근이라며 이 매체 발행인 손충무 씨를 명예훼손 혐의로 고소했고, 검찰은 손씨를 구속했다.

이씨는 2000년 1월 YS에게 가오리를 호적에 올려줄 것과 결혼자금을 도와달라는 내용의 편지를 보냈으나 회신을 받지 못했던 것으로 전해진다. 2004년엔 LA선데이저널과의 인터뷰에서 YS 측으로부터 돈 받은 사실을 폭로하기도 했다.

2009년 7월엔 김모 씨가 YS를 상대로 친자인지확인 청구소송을 냈다. YS는 법원의 유전자감식 요청에 응하지 않았을 뿐 아니라 재판에도 일절 출석하지 않고 무응답으로 일관했다. 2011년 2월 서울가정법원은 김씨를 YS의 친생자로 인정한다고 판결했다. 김씨가 제시한 몇 가지 증거를 사실로 인정하고 YS가 유전자 감식에 응하지 않은 점을 감안한 것으로 알려졌다.

김대중DJ 전 대통령의 혼외자 의혹은 2005년 4월 SBS 시사프로그램 '뉴스추적'을 통해 불거졌다. '뉴스추적'은 DJ의 딸이라고 주장하는 30대 중반 김모 씨와 그 가족의 증언을 보도했다. 김씨에 따르면 고급 한정식집에서 일하던 그녀의 어머니는 1970년대 DJ가 신민당 의원을 할 때 인연을 맺었다. 김씨는 방송에서 어릴 때부터 어머니 심부름으로 서울 동교동 DJ 집에 가서 생활비를 타오곤 했다고 증언했다. 그의 증언에 따르면 이후 DJ의 장남 김홍일 전 의원이 뒤를 돌봐줬으며, DJ와 가까웠던 무기중개상 조풍언 씨가 아파트를 사주기도 했다는 것.[38]

김씨 모녀 얘기가 외부에 알려진 데는 경제적 이유가 영향을 끼친 것으로 보인다. 2000년 초 조씨가 미국으로 들어가면서 모녀에 대한 지원이 끊기자 어머니가 주변에 자신의 존재를 발설하고 다녀 국정원에서 입단속에 나섰다는 게 김씨 주장이다. 그의 어머니는 그해 6월 서울의 한 병원에서 입원 중 자살했으며, 김씨도 정신과 치료를 받았다고 한다. 그의 이모는 방송 인터뷰에서 "동생이 김대중 씨의 딸을 낳았다. 죽은 동생의 마지막 소원은 외조부 호적에 올라있는 딸을 김 전 대통령의 호적에 올려달라는 것이었다"라고 주장했다.

두 전직 대통령 혼외자 의혹 사건에서 한 가지 눈여겨볼 것은 국가기관의 개입이다. 당사자들 주장에 따르면 두 사건 모두 국가정보기관이 '공금'을 써서 '입단속'에 나섰다고 한다.

가오리의 모친 이씨는 YS 핵심 측근인 김기섭 전 안기부 기조실장으로부터 10번에 걸쳐 23억 원을 받았다고 폭로했다. YS가 대통령일 때 13억 원, 퇴임한 후 10억 원을 받았다는 것. 이를 두고 안기

38 김명진 · 손승욱, "나는 DJ의 딸입니다. 진승현 게이트와 국정원 특수사업의 실체", 「SBS」 뉴스추적, 2005.4.19, http://tv.sbs.co.kr/pursi.

부의 국내 또는 해외비자금 중 일부가 사용됐을 것이라는 의혹이 제기됐다. 하지만 YS 측은 이를 부인했다.[39]

DJ의 혼외자 문제에도 국정원 자금이 동원됐다는 의혹이 제기됐다. 이 문제를 처음 터트린 SBS '뉴스추적'은 관련자들 인터뷰를 바탕으로 김대중 정부 시절 국정원 핵심 간부들이 대통령의 사생활을 보호하기 위한 이른바 특수사업을 진행하면서 벤처기업가 진승현 씨에게 3억5000만 원을 받아 혼외자라고 주장하는 김모 씨 모녀에게 전달했다고 보도했다. 이에 대해 DJ 측은 "사실과 다른 보도로 명예를 훼손당했다"고 부인했다.

한편 방송에 나와 자신이 DJ의 혼외자라고 주장했던 김씨는 1년 뒤인 2006년 3월 문화일보 인터뷰에서 "나는 김대중 전 대통령의 딸이 아니라고 생각한다"고 말을 바꿨다. 대신 박정희 정부 때의 한 고위직 인사를 자신의 아버지로 지목했다. 하지만 DJ 측으로부터 생활비 명목으로 경제적 지원을 받았다는 주장은 바꾸지 않아 의문을 남겼다.[40]

2008년 이만의 당시 환경부 장관은 30대 여성 진모 씨로부터 친자확인 소송을 당했다. 미국 시민권자인 진씨는 "1970년대 어머니가 이 장관과 교제해 나를 혼외로 낳았다"고 주장했다.

이 소송은 이듬해 주간지 시사저널 보도로 세상에 알려졌다. 시

---

39 김경은, "언젠가 드러나는 공공연한 비밀", 「주간경향」, 2005.4.29.
40 이동현 · 조민진, " 'DJ 딸' 논란 당사자 심경토로 2시간", 「문화일보」, 2006.3.16.

시사저널은 진씨 주장과 이 장관의 반론을 실었다. 이 장관은 "20대 총각 시절 부적절한 일이 있었던 건 사실이나 혼외자녀는 없다"고 부인했다.[41]

법원은 진씨의 손을 들어줬다. 1심과 2심 재판부는 모두 진씨의 주장을 인정했다. 여기엔 이 장관이 유전자 검사에 응하지 않은 점이 결정적 영향을 끼쳤다. 이 장관은 대법원에 상고했으나 패소했다.

소설가 이외수 씨의 혼외자 문제가 불거진 계기는 양육비 청구소송이다. 2013년 3월, 언론은 50대 후반 오모 씨가 이씨를 상대로 소송한 사실을 보도했다. 오씨는 춘천지방법원에 낸 소장에서 "1987년 이씨와의 사이에 아들을 낳았는데 이씨가 양육비를 제대로 지급하지 않았다"고 주장했다. 오씨의 요구 조건은 아들을 이씨 호적에 올려주고 밀린 양육비 2억 원을 달라는 것이었다.

이 사건은 그해 5월 양측 합의로 종결됐다. 이씨가 밀린 양육비 3000만 원와 더불어 향후 3년간 매월 100만 원을 부양료 명목으로 지급하는 조건이었다.[42] 한 달 뒤 이씨는 트위터를 통해 혼외자를 자신의 호적에 올린 사실을 밝혔다.

이만의 전 장관과 이외수 씨 사건의 공통점 중 하나는 부인이 적극 나섰다는 점이다. 이 전 장관의 부인 석모 씨는 2011년 1월 항소

41 김지영 "30여 년 전에 무슨 일 있었기에… '친자 소송'에 발목 잡힌 장관", 「시사저널」1048호, 2009.11.17.
42 이금준, "[단독 입수] 이외수 '혼외 아들' 소송, '합의 조정 내용'공개", 「아시아경제」, 2013.5.6.

심 선고를 3일 앞두고 혼외자라고 주장하는 진모 씨의 어머니 A씨를 공갈 혐의로 고소했다. A씨가 "5억 원을 주지 않으면 이 장관의 명예를 훼손하겠다"고 자신과 이 장관을 협박했다는 게 고소 이유였다. 석씨는 "1975년 합의금으로 100만 원을 줬다"고 덧붙였다.

이외수 씨의 부인 전모 씨는 남편의 혼외자 사건이 일파만파로 확산되자 적극 해명에 나섰다. 그는 언론 인터뷰를 통해 "혼외자 오군이 20세가 될 때까지 양육비로 매달 50만 원씩 지급해왔다"고 밝혔다. 아울러 "오군의 대학 등록금을 지원하는 조건으로 소송을 취하하기로 합의가 끝난 상태"라고 주장했다. 실제로 법적 합의가 이뤄진 것은 그로부터 5개월 뒤였다.

WHICH
SIDE
ARE YOU
ON?

언론과 프레임

WHICH
SIDE
ARE YOU
ON?

언론과 프레임

1. 프레임이란: 내가 그의 이름을 불러주기 전에는

내가 그의 이름을 불러 주기 전에는
그는 다만
하나의 몸짓에 지나지 않았다.
내가 그의 이름을 불러 주었을 때
그는 나에게로 와서
꽃이 되었다.
내가 그의 이름을 불러 준 것처럼
나의 이 빛깔과 향기에 알맞은
누가 나의 이름을 불러다오.
그에게로 가서 나도
그의 꽃이 되고 싶다.
우리들은 모두
무엇이 되고 싶다.
너는 나에게 나는 너에게
잊혀지지 않는 하나의 의미가 되고 싶다.

(김춘수, 「꽃」 전문)

학창시절 교과서를 통해 배운 유명한 시다. 들판에는 수많은 이름 모를 꽃이 있다. 이 중 어떤 꽃이 나의 눈에 띄었고, 나는 그 꽃에 이름을 붙여줬다. 선택을 받음으로써 그 꽃은 존재하게 됐고 의미를 갖게 됐다. 내가 어떤 이름을 붙이고 어떤 의미를 부여하느냐에 따라 꽃의 정체성은 달라지게 마련이다.

뉴스도 마찬가지다. 이 세상엔 수많은 사건이 일어나지만, 다 뉴스가 되는 건 아니다. 언론에 포착된, 즉 언론의 선택을 받은 사건만이 뉴스가 될 수 있다. 언론이 어떤 각도로 조명하느냐에 따라, 어디에 초점을 맞추느냐에 따라 뉴스의 관점과 내용과 성격이 달라질 수밖에 없다. 이것이 바로 프레임이다.

2. 보수-진보 프레임 대결

보수언론과 진보언론의 프레임 대결은 거의 모든 분야에서 벌어진다고 해도 과언이 아니다. 가장 극명한 대조는 안보 분야에서 엿볼 수 있다. 이를테면 제주 해군기지, 전시작전통제권, 천안함 사건 등을 둘러싼 상반된 보도태도가 그렇다.

공안사건은 말할 것도 없다. 예컨대 보수언론은 박근혜 정부 출범 첫 해인 2013년 드러난 국정원 댓글사건이나 국군사이버사령부 선거개입 사건의 의미를 애써 축소했다. 반면 진보언론은 지나치게 정치적 의미를 부여한다는 인상을 줬다.

이석기 전 의원의 내란음모 사건과 헌법재판소의 통합진보당 해산 결정, 김기종 우리마당 대표의 주한 미국대사 습격사건을 두고는 보수-진보 이념 대결의 주 메뉴인 종북 논란이 벌어졌다. 보수언론은 종북세력의 척결을 강조한 반면 진보언론은 종북몰이의 위험성을 부각했다. 노동·복지 분야도 그렇다. 비정규직, 공무원노조, 무상급식, 무상보육 등에 대한 보수-진보 언론의 시각은 확연히 다르다. 교육 분야도 마찬가지다. 자율형사립고자사고, 국사교과서, 전국교직원노동조합전교조 등에 대해 양측은 정반대의 논조를 보여 왔다.

여기선 대표적 사례로 세월호 유가족 대리기사 폭행사건, 전작권 전환 연기, 쌍용차 해고 대법원 판결, 그리고 채동욱 전 검찰총장 혼외자 사건 관련자 1심 판결에 대한 보수-진보 및 중도 성향 매체의 프레임 차이를 살펴보겠다.

1) 세월호 유가족 대리기사 폭행사건(2014.9.17)

2014년 4월 16일 발생한 세월호 사건에 대한 보수-진보 언론의 보도 프레임은 확연히 갈렸다. 양 진영의 대조적인 시각이 극명히 드러난 사례 중 하나가 이른바 대리기사 폭행사건이다.

2014년 9월 17일 세월호 유가족 일부가 대리운전기사를 폭행하는 사건이 발생했다. 세월호 참사 가족대책위원회 집행부 간부를 포함한 유가족 5명은 전날 저녁 서울 여의도에서 김현 새정치민주연

합 의원과 저녁식사를 겸한 술자리를 가졌다. 이들은 자정쯤 대리기사를 호출했다. 그런데 이들은 대리기사를 30분가량 밖에 세워둔 채 식당 안에서 나오지 않았다. 이에 화가 난 대리기사가 "돌아가겠다. 다른 기사를 부르라"고 하자, 김현 의원이 막아서는 과정에 유가족이 그에게 집단폭력을 행사했다는 것이 수사기관의 조사내용이다.

다음날 보수언론의 대명사인 조선일보와 동아일보는 똑같이 1면에 스트레이트 기사를 배치하고, 12면에 해설기사를 실었다. 면수도 같고 기사 분량도 비슷했다. 두 신문 다 12면 전체를 이 사건 관련 기사로 채웠다. 통상 신문 1면에는 해당 매체가 가장 중요하다고 판단하는 기사들이 실린다. 역시 보수매체로 분류되는 중앙일보는 10면 상자기사로만 다뤄 조선·동아일보와 차이를 보였다.

진보 성향 신문들은 사회면 스트레이트 기사로 다뤘다. 한겨레는 9면 상단, 경향신문은 13면 우측 하단에 관련 기사를 배치했다. 중도 성향으로 분류되는 한국일보는 12면 하단, 서울신문은 9면 상단에 스트레이트 기사로 실었다.

조선일보와 동아일보 1면 기사의 제목은 거의 같다. 대리기사 폭행사건에 연루된 세월호 가족대책위 집행부 전원이 사퇴했다는 사실을 알렸다. 본문에 가족대책위 측 반론이 짧게나마 들어갔지만, 제목이나 부제에는 반영하지 않았다.

두 신문은 12면에선 하단 광고를 뺀 나머지 면을 모두 관련 기사로 채웠다. 제목도 자극적이다. "세월호 성금도 냈는데… 날 때린 그들이 유족이라니"(조선일보), "대리기사에 너 '국정원이지' 실랑이 중 유족이 주먹질"(동아일보). 두 신문은 주로 폭행을 당했다는 대리기사 이모 씨의 증언을 토대로 사건현장을 재구성했다. 두 신문 모두 폭행현장이 촬영된 CCTV 사진 두 장을 실었다. 동아일보는 친절하게도 '시간대별 상황'까지 도표로 정리했다. 조선일보는 메인 기사 우측에 청와대 인근 동네에 유가족 천막이 설치돼 주민이 불편을 겪는다는 기사를 덧붙였다.

한겨레 기사의 제목은 조선·동아일보와 크게 다르지 않았다. 폭행사건에 연루된 대책위 집행부 9명이 사퇴한다는 취지였다. 두 신문이 대리기사의 증언을 크게 부각한 반면, 한겨레는 상대적으로 유가족 측과 김현 의원의 반박을 비중 있게 다뤘다.

한국일보와 서울신문, 경향신문은 모두 스트레이트 형식으로 짤

조선일보

"세월호 성금도 냈는데… 날 때린 그들이 유족이라니"

野 국회의원과 술 마시던 유족… 말리던 목격자 2명까지 폭행

17일 새벽 서울 영등포구 여의도동에서 세월호 유가족들과 대리운전 기사 사이에서 벌어진 몸싸움이 인근 건물 CCTV에 찍혔다. 이날 6시 41분쯤 세월호 유가족 1명과 대리기사가 대치하고 있다(왼쪽). 왼쪽에 선 검은 점퍼 여성은 김현 새정치민주연합 의원으로 추정된다. 6시 48분쯤 유가족과 대리기사, 목격자 등이 한데 엉켜 몸싸움하고 있다(오른쪽).

대리기사 "유족들이 나보고 국정원 직원 아니냐며 물어"
김병권 가족대책위원장 "우리가 오히려 폭행당했다"
김현 의원 "유족 측에서 먼저 밥먹자고 제의해서 만난 자리"

…대리기사 이씨는 경찰 조사에서 "호출을 받고 30분 정도를 기다리다가 '안 가려면 돌아가겠다. 다른 사람을 불러라'고 하자 남성들이 '의원님에게 공손하지 못하다'고 말했다"고 말했다. 그는 "내가 국회의원 앞에서 대리기사가 굽실거려야 하느냐'고 답하자 말싸움이 시작됐다"고 진술했다.

이씨는 이날 본지와 문자메시지를 통해 "일행 중 한 남성이 '당신 국정원 직원이냐'고 묻길래 어이가 없어서 내가 큰소리를 쳤고 승강이가 됐다"고 밝혔다. 이씨는 "멱살이 잡힌 상태에서 남성 4명에게 집단 폭행당했고 그걸 말리던 젊은이들도 맞았다. 쌍방(폭행)이 될 수 없는 상황이었다"고 했다. 그는 "하루가 지나니 온몸이 아프다"며 "내일 경찰서에 진단서를 내겠다"고 했다. 그는 "나도 세월호 성금도 내고 분향소에도 다녀왔는데 그들이 세월호 유족 대표라는 것을 알고 더 실망스럽고 분했다"고 했다.(후략)

2014년 9월 18일 목요일 A12면 사회/ 홍준기, 이기문, 이슬비 기자

동아일보

'폭행시비' 세월호 가족대책委 집행부 전원 사퇴

위원장 등 대리기사 폭행사건 연루

'세월호 참사 가족대책위 집행부 전원이 17일 새벽 벌어진 대리운전 기사 폭행사건에 책임을 지고 총사퇴했다. 대책위는 이날 오후 3시부터 2시간 동안 경기 안산시 합동분향소에서 긴급임원회의를 열어 "사건 관련자 및 위원장단 총 9명이 연대책임을 지고 전원사퇴한다"고 밝혔다.(후략)

2014년 9월 18일 목요일 A01면 종합/ 이건혁 기자

'폭행시비' 세월호 유족대책위 임원 총사퇴

위원장 등 9명 "국민·유족께 사과"
대리기사 "일방적으로 폭행당해"
유족 측도 "맞았다" 주장 엇갈려
경찰 CCTV 확인 후 관련자 소환

...대책위는 이날 오후 긴급 임원회의를 열고 "이번 일로 실망한 유가족과 국민께 진심으로 사과 말씀을

드린다" 면서 "김병권 위원장과 김형기 수석부위원장 등 폭행 사건 관련자 5명은 물론 유경근 대변인 등 임원진 9명이 총사퇴한다"고 밝혔다.

이어 "엇갈리는 사실관계는 경찰 조사로 정확히 드러날 것이기에 따로 말씀드리지는 않겠다"고 말했다. 대책위는 21일 새 집행부 구성을 위한 총회를 열 계획이다.(후략)

2014년 9월 18일 목요일 009면 사회/ 최선을 기자

막하게 보도했다. 제목은 조선·동아일보 1면 기사와 큰 차이가 나지 않는다. 기사 흐름이나 내용도 비슷하다. 사건 개요를 설명하고 사과를 표하는 유가족 대책위의 공식성명을 덧붙였다. 다만 부제에서는 미묘한 차이가 엿보인다.

특히 서울신문은 "유족 측도 '맞았다' 주장 엇갈려"라는 부제를 붙임으로써 쌍방폭행 가능성을 열어뒀다. 이와 관련해 이 신문 독자권익위원회에서 논조의 문제점을 지적하기도 했다. 9월 25일자 11면에 실린 독자권익위원회 관련 기사에 따르면, 회의에서 한 위원은 "세월호 유가족과 대리운전 기사 간에 폭행 시비가 불거진 과정에 야당이 연루돼 '갑질 중의 갑질'이란 비난을 받았는데 다른 신문에 비해 적절하게 대처하지 못한 것 같다"라고 지적했다.

다음날인 9월 19일 조선·중앙·동아일보는 일제히 관련 사설을

경향신문

세월호 가족대책위 임원단 전원 사퇴

17일 새벽 대리기사·행인과 시비 폭행… 책임지고 물러나

세월호 참사 희생자·실종자·생존자 가족대책위 임원단이 17일 전원 자진사퇴했다. 대책위 임원 일부가 이날 새벽 대리기사·행인과 시비가 붙어 서로 싸운 사건을 두고

책임을 지겠다는 뜻으로 물러났다.(후략)

2014년 9월 18일 목요일 013면 사회/ 조형국 기자

조선일보

세월호 유족들, 국민 눈에 비친 자신 모습 돌아볼 때

…유족 대표들의 이런 모습은 어느 정도 예견됐던 일이다. 유족 대표들은 형법 체계에도 맞지 않는 '수사권·기소권'을 세월호 조사위가 가져야 한다고 요구하며, 세월호법과 민생 법안을 분리 처리해야 한다는 국민 다수의 여론도 무시해 왔다. 이들이 여야가 만든 세월호특별법 협상안을 두 번이나 뒤엎었어도 야당과 친야 단체들은 이들을 떠받들기에 급급했다. 오죽하면 세월호 유족 대표가 야당의 상왕(上王)이란 말까지 나왔겠는가. 경찰이 출동하자 유족 대표 일부는 "치료를 받아야 한다"며

떠났고, 다른 사람들도 진술을 거부한 채 나중에 경찰에 출석하기로 하고 귀가했다. 우리 사회에서 경찰에 이런 호기(豪氣)를 부릴 사람은 일부 특권층 말고는 없다. 대리기사와, 싸움을 말리다 폭행에 휘말린 시민들만 경찰서에서 조사를 받았다. 김 의원은 보통 폭행 사건을 1차 조사하는 경찰서 지구대로 가지 말고 "형사계로 가라"는 말까지 했다. 김 의원은 경찰청 소관 상임위인 국회 안전행정위 소속이다.(후략)

2014년 9월 19일 금요일 A39면 오피니언

게재했다. 조선일보와 동아일보의 사설은 유가족에 대한 비판 일변도였다. 두 신문은 각각 '특권층' '치외법권'이라는 표현을 쓰며 유가족의 처신과 행태를 강도 높게 비판했다. 김현 의원과 새정치연합에 대한 비판도 곁들였다.

세월호 가족대책위가 치외법권의 권력기관인가

...대책위 간부들은 치외법권이라도 가진 듯 경찰의 어제 출석 요구에도 응하지 않았다. "위원장이라는 사람은 맞는 걸 보질 못했는데 팔에 왜 깁스를 했다는 건지 모르겠다"는 목격자도 있다. 인터넷과 트위터 같은 소셜네트워크서비스(SNS)에는 "대리운전사한테도 수사권 기소권을 줘야 한다" "특검을 임명해 수사해야 한다"는 등

비판이 거세다. 광화문광장을 점령한 채 자신들의 요구대로 세월호 특별법 처리를 하라는 유가족들에게 정치권이 무한정 끌려 다니면서 이런 사태까지 불렀다 해도 과언이 아니다. 국회의원의 품위를 손상시킨 김 의원은 물론이고 당 차원에서도 국민 앞에 사과해야 한다.

2014년 9월 19일 A39면 오피니언

다만 중앙일보는 사설에서도 중립적 자세로 두 신문과의 인식 차이를 드러냈다. '안타깝다' 등의 표현으로 폭력사태에 유감을 나타내면서도 '이번 일로 세월호 사태의 본질이 흐려져선 안 된다'고 강조했다.

한겨레는 이 날짜 사회면(13면)에 관련 기사를 실었다. 해설이나 분석 없이 당사자와 관련자 증언을 나열하면서, 가족대책위가 새 집행부를 구성한다는 소식을 전했다.

이어 다음날엔 사설을 실었다. 전반적으로 유가족의 책임을 거론하고 비판했지만, 뒷부분에서 중앙일보 사설 논조보다 더 강하게 세월호 사태의 본질을 강조했다. '폭행 사건은 폭행 사건이고, 세월호 특별법은 특별법이다'라는 표현이 한겨레의 프레임이 뭔지를 단적으로 보여준다. 또한 '사건의 정확한 진상은 앞으로 경찰 조사에서 밝

한겨레

대리기사 폭행 사건과 세월호 사건의 본질

...아무리 심적인 고통이 큰 상황이라 해도 먼저 시비를 건 쪽이 유가족들이고, '의원에게 공손하지 않다'는 따위의 그릇된 특권의식에 편승한 모습을 보인 것은 눈살을 찌푸리게 하기에 충분하다. "애초에 술을 마시고 그들과 똑같이 폭력을 행사한 것 자체가 잘못된 행동이며 변명의 여지가 없다"는 '유민 아빠' 김영오씨의 지적은 정곡을 찌른다.

그러나 이번 사건을 꼬투리 잡아 제대로 된 세월호특별법 제정 요구까지 싸잡아 비난하는 것은 온당치 못하다. 세월호 진상조사위에 수사권·기소권을 주면 유족들이 특권의식을 갖고 마구 권한을 휘두를 것이 더욱 분명해졌다는 식의 주장은 악의적인 왜곡이며 논리적 비약에 불과하다. 폭행 사건은 폭행 사건이고 세월호특별법은 특별법이다. 이번 사건에 옳거니 하고 쾌재를 부르며 유가족들을 싸잡아 비난하고 철저한 진상규명 노력까지 헐뜯는 것은 너무 속 보이는 행동이다.(후략)

2014년 9월 20일 토요일 023면 오피니언

경향신문

"큰 실수 했다"는 세월호 가족, 외면하지 말아야

...우리는 그러나 이번 사건과 세월호특별법 제정 문제를 연계시키려는 일부 세력의 책동 역시 비판한다. 세월호 참사로 목숨을 잃었거나 아직도 가족 품에 돌아오지 못한 사람이 304명에 이른다. 부모와 형제자매 등 직계가족만 1000명은 넘을 터이다. 이들 가운데 극소수가 폭력사건에 관련됐다고 가족 전체가 합의해 추진해온 사안을 공격하는 일은 난센스 중 난센스다. 국회의원 300명 중 1~2명이 형사사건에 연루되면 국회 차원에서 합의했던 사안을 없던 일로 돌려야 하나. 도대체 이런 비합리가 어디에 있단 말인가. 폭행사건은 폭행사건대로 엄정하게 수사하고, 특별법은 특별법대로 상식과 정의에 맞게 만들면 된다. 둘 사이에는 어떠한 상관관계도 있을 수 없다.(후략)

2014년 9월 22일 월요일 031면 오피니언

혀질 것이다'라며 유가족 측의 일방폭행을 기정사실화한 보수언론과 거리를 뒀다.

경향신문은 9월 22일에 관련 사설을 게재했다. 한겨레와 약간 결이 달랐지만 전반적으로는 비슷한 논조를 띠었다. '폭행사건은 폭행사건대로 엄정하게 수사하고, 특별법은 특별법대로 상식과 정의에 맞게 만들면 된다. 둘 사이에는 어떠한 상관관계도 있을 수 없다'.

당시는 정치권과 유가족이 세월호 특별법 제정을 둘러싸고 치열하게 대립하던 시점이라 유가족의 일거수일투족이 국민의 주목을 받을 수밖에 없었다. 더욱이 대리기사 폭행은 앞뒤 상황을 살펴보면 유가족의 명백한 잘못이었다. 집단폭행 장면이 담긴 CCTV 따위의 물증과 제3자의 객관적 증언도 있었다.

보수언론에서 이 사건을 '정파적 시각'에서 지나치게 키웠다는 지적도 있지만, 진보언론의 대표격인 한겨레가 첫 기사에서 집단폭행보다 쌍방폭행 가능성에 무게를 두는 듯한 분위기를 풍긴 것은 역시 정파적 틀에 갇혀 사실 확인에 소홀하거나 한쪽 눈을 감았던 것 아니냐는 지적이 나올 만했다.

2015년 5월 6일 검찰은 사건에 연루된 김현 의원과 세월호 유가족 4명을 각각 공동폭행 및 업무방해, 공동상해 혐의 등으로 불구속 기소했다.

세월호 유가족 대리기사 폭행사건 보도 프레임 비교

매체	제목	부제	면수	기타(사설)
조선일보	'대리기사' 폭행 세월호 가족대책委 지도부 전원 사퇴(1면)	"세월호 성금도 냈는데… 날 때린 그들이 유족이라니"(12면 제목)	1, 12	'세월호유족들, 국민 눈에 비친 자신들 모습 돌아볼 때
중앙일보	'대리기사 폭행' 세월호 대책위 임원 전원 사퇴	기사·행인 "일방적으로 맞아" 신고대책위 측' "우리도 뼈 금가는 부상"	10	유족 폭력은 유감, 세월호 본질은 잊지 말자
동아일보	'폭행시비' 세월호 가족대책委 집행부 전원 사퇴(1면)	"대리기사에 '너 국정원이지' 실랑이 중 유족이 주먹질"(12면 제목)	1, 12	세월호가족대책위가 치외법권의 권력기관인가
한국일보	'대리기사 폭행물의' 세월호 대책위 지도부 전원 사퇴	국회의원과 음주 후 귀가 중 발생 대리기사와 말다툼 끝 폭행 번져	12	
서울신문	'폭행시비'세월호 유족대책위 임원 총사퇴	대리기사 "일방적으로 폭행당해" 유족 측도 "맞았다" 주장 엇갈려	9	
한겨레	폭행사건에… 세월호 대책위 집행부 9명 사퇴	유족-대리기사 폭행사건 벌어져 기사 "일방적으로 폭행 당해" 유족쪽 "쌍방폭행… 어쨌든 죄송"	9	대리기사 폭행사건과 세월호 사건의 본질
경향신문	세월호 가족대책위 임원단 전원 사퇴	어제 새벽 대리기사·행인과 시비 폭행…책임지고 물러나	13	"큰 실수 했다"는 세월호 가족, 외면하지 말아야

2) 전시작전통제권 전환 연기(2014.10.24)

2014년 10월 24일 언론은 일제히 전작권 전환 연기 기사를 1면에 배치했다. 2~4개 면에 걸쳐 관련 기사를 실음으로써 사안의 중요성을 강조했다. 보수언론은 전작권 전환의 긍정적 면을, 진보언론은 부정적 면을 부각했다.

먼저 1면 기사 제목을 비교하면, 보수와 진보, 중도 언론 사이에 미묘한 차이가 눈에 띈다. 조선-중앙-동아일보는 전작권 전환이 연

©동아일보

기된다는 객관적 사실만 기술하고 달리 해석을 달지 않았다. 다만 조선일보는 1면 기사 부제에, 동아일보는 3면 기사 제목에 '사실상 무기연기'라는 표현을 붙였다. 특히 조선일보는 '자주 명분보다 안보 실리'(3면)라는 제목으로 전작권 전환 연기의 정당성을 강조했다.

이에 비해 중도 성향의 한국일보와 서울신문은 1면 기사 제목에 '사실상 무기연기'라고 못박았다. 두 신문의 제목은 사전에 짜기라도 한 듯 한 글자도 다르지 않았다. 한겨레와 경향신문도 '무기연기'를 강조하긴 마찬가지였다. 한겨레는 한 발 더 나아가 '군사주권 포기'라고 규정했고, 경향신문은 '국군 능력부족?'이라고 꼬집었다. 서울신문은 '군사주권 스스로 포기 논란 커질듯'이라는 '관찰형 제목'으로 한겨레와 같은 프레임을 구사했다.

전작권 전환 연기 이유에 대해 한겨레는 한국이 미국으로부터 무기를 대량 구입하기로 한 것과 관련됐다고 진단했다. 경향신문은 미군 기지 잔류와 관련된 비용을 한국인의 세금으로 충당한다는 점을 지적했다.

전시작전통제권 전환 연기 보도 프레임 비교

매체	제목	부제	면수	기타
조선일보	전작권 전환 10년 이상 늦춘다(1면)	韓·美 '2020년대 중반 이후' 합의 …사실상 무기연기	1,3,4	자주 명분보다 안보 실리(3면)
중앙일보	전작권 환수 2020년대 중반으로 연기(1면)	한·미, 시기는 못박지 않아 북핵 대응력 충족돼야 전환	1,4,5	전력 키울 시간 벌었지만… 킬체인, KAMD 구축 17조 필요(5면)
동아일보	전작권 전환, 北核 대응력 갖출 때까지 연기(1면)	한미,안보협의회 공동성명 발표 기한 없이 "南전력 조건 충족돼야"	1,2,3	전환시점 명시 안 해…사실상 무기연기?(3면)
한국일보	한미 전작권 전환 사실상 무기연기(1면)	독자 방어능력 등 3대 조건 충족 때까지 美가 행사 합의	1,3, 4,5	용산·동두천 개발 '일그러진 꿈'… 지자체·정치권 후폭풍 클 듯(3면)
서울신문	한·미 전작권 전환 사실상 무기연기(1면)	①안보환경 ②군사능력 ③북핵대응 매년 세 가지 조건 충족 확인 때 전환	1,2,3	동북아 안보지형 요동… "군사주권 스스로 포기" 논란 커질듯(3면)
한겨레	전작권 전환 사실상무기연기… 박근혜 정부 '군사주권' 포기(1면)	용산 한미연합사· 동두천 일부 미군, 잔류키로 합의 번복	1,3, 4,5	미 작년만해도 재연기 반대… 한국 무기 대량구입에 '급선회'(4면)
경향신문	국군 능력부족?… 전작권 환수 '무기한 연기'(1면)	발표문에 이양 목표 연도 빠져	1, 3	미군기지 잔류 ·장비 증강 비용 상당 부분 세금으로 메운다(3면)

조선일보

戰作權(전시작전통제권) 전환 10년 이상 늦춘다

韓·美 '2020년대 중반 이후' 합의… 사실상 무기 연기
용산 韓美연합사령부·동두천 美210화력여단도 잔류

한·미 양국은 오는 2015년 12월로 예정됐던 전작권(전시작전통제권)의 한국군 전환(이양) 시기를 2020년대 중반 이후로 늦추기로 합의했다. 양국은 구체적 전환 시기를 못박지 않은 채 북한 핵·미사일 위협에 대응할 한국군의 필수 능력 등 3대 조건이 모두 충족돼야 전작권을 한국군에 넘길 수 있도록 함으로써 예산 문제 등을 감안하면 전작권은 사실상 무기 연기에 가까운 형태로 10년 이상 재연기된 것으로 분석된다.(후략)

2014년 10월 24일 금요일 A01면 종합/

워싱턴=유용원 군사전문기자

중앙일보

전력 키울 시간 벌었지만 … 킬체인 · KAMD 구축17조 필요
〈선제타격 시스템〉   〈한국형 미사일방어〉

한국, 전작권 타결 이후 과제는
F-35·이지스함 비용 등 포함 땐
7~12년간 매년 최대 9조원 들어
미국 사드 배치도 논란 일 듯

한국과 미국이 전작권 전환 시기로 새로 정한 '2022년대 중반'이란 개념은 모호하다. 국방부 당국자는 2022년께 킬체인과 한국형 미사일방어(KAMD)체계를 구축할 수 있을 것이란 점을 들어 "2022~2027년의 어느 시점"이라고 말했다. 이명박 정부 때 정한 2015년 12월 1일과 비교하면 7년에서 길게는 12년이란 시간을 더 번 셈이다. 핵과 미사일이라는 북한의 위협을 감당할 수 있을 때까지 미군의 정보와 전력을 그대로 활용할 수 있게 됐다.(후략)

2014년 10월 24일 금요일 004면 종합/ 워싱턴=정용수 기자

한겨레

전작권 전환 사실상 무기 연기…박근혜 정부 '군사 주권' 포기

한-미 안보협의회서 구체시점 명기않고 '적절한 시기'
용산 한미연합사 · 동두천 일부 미군, 잔류키로 합의 번복

한-미는 한국군의 전시작전통제권(전작권) 전환 시기를 못박지 않은 채 다시 연기하기로 했다. 시기와 관계없이 한국군의 능력과 주변 안보환경 등 '조건'이 충족돼야 전작권을 한국에 넘기기로 한 것이어서, 사실상 전작권 전환을 무기 연기할 가능성의 문을 열어놓았다. '군사 주권'의 포기라는 지적이 나온다.(중략)

…한·미 양국이 사실상 전작권 전환 시기를 무기 연기할 가능성을 열어놓으면서, 박근혜 대통령이 지난 대선 때 외교안보 분야 핵심 공약으로 내세웠던 '전작권

환수' 공약을 스스로 파기했다는 비판도 피하기 어렵게 됐다. 박 대통령은 2012년 대선 당시 공약집과 기자회견 등을 통해 '2015년 전시작전권 전환을 차질 없이 준비하겠다'고 여러 차례 밝힌 바 있다. 청와대는 이날도 한·미 양국의 전작권 전환 연기 합의에 대해 아무런 입장도 밝히지 않은 채 "국방부가 설명할 일"이라는 태도를 유지했다.

2014년 10월 24일 금요일 001면 종합/
워싱턴=박병수 선임기자, 석진환 기자

서울신문

동북아 안보지형 요동… "군사주권 스스로 포기" 논란 커질 듯

사실상 무기 연기 의미 및 파장

…우리 사회 내부에서 군사주권을 스스로 포기했다는 주장이 거세게 일 것으로 보인다. 더욱이 미국의 대중 포위전략을 우려하는 중국으로서는 이번 합의가 미국의 미사일방어체계(MD)의 전면 확대와 한·미·일 안보

삼각동맹으로 이어질 가능성에 촉각을 곤두세울 것으로 보인다. 현 정부 들어 강화되고 있는 한·중 관계 개선 모드가 다소 주춤해질 것이란 관측도 나온다.(후략)

2014년 10월 24일 금요일 003면 종합/ 하종훈 기자

경향신문

국군 능력부족?… 전작권 환수 '무기한 연기'

한·미 연례안보협, 재연기 합의
발표문에 이양 목표 연도 빠져
연합군사령부도 용산에 존속

…한국군이 전작권을 넘겨받지 않음에 따라 주한 미군사령관이 지휘하는 연합군사령부도 존속하게 됐다. 두 장관은 "전작권 전환이 이뤄질 때까지 필수 최소 규모의 인원과 시설을 포함한 한·미 연합군사령부 본부를 현재의 용산기지 위치에 유지하기로 합의했다"고 밝혔다.

양국은 전작권 전환과는 별도로 주한미군기지 재배치 계획에 따라 2016년까지 한·미 연합사 등 한강 이북의 모든 미군기지를 한강 이남으로 이전하는 작업을 추진해오고 있다.

'전작권 이양의 사실상 무기한 연기'가 아니냐는 지적에 국방부 고위당국자는 "북한의 공격 초기 단계에서 대응할 수 있는 한국군의 핵심 군사능력인 '킬체인'과 한국형 미사일방어(KAMD)가 구비되는 목표 시점인 2020년대 중반"을 거론하며 "무기한 연기는 아니다"라고 강조했다. 하지만 2020년대 숭반이라는 말은 공개된 문서 어디에도 언급이 없다.(후략)

2014년 10월 24일 금요일 001면 종합/ 워싱턴=손제민 특파원

3) 쌍용차 해고 대법원 판결(2014.11.13)

2014년 11월 13일 쌍용자동차 정리해고에 대한 대법원 판결이 나왔다. 다음날 신문들은 일제히 이 소식을 다뤘다. 하지만 보수-진보 매체는 지면 배치, 제목, 사진, 기사 분량 등에서 큰 차이를 보였다.

조선일보, 중앙일보, 동아일보는 각각 10면, 6면, 14면에 관련 기사를 실음으로써 이 사건에 큰 비중을 두지 않는다는 뜻을 드러냈다. 반면 한겨레, 경향신문과 중도 성향의 한국일보, 서울신문은 모두 1면에 게재해 대조를 이뤘다.

매체의 프레임이 여실히 드러나는 제목을 살펴보자. 조선일보, 중

앙일보, 동아일보는 약속이라도 한 듯 '정리해고는 정당' '긴박한 경영상 필요' 따위의 판결 취지를 제목으로 뽑았다. 경영논리 프레임을 사용해 쌍용차 노동자 해고의 정당성을 강조한 것이다.

이에 비해 한국일보와 서울신문, 한겨레와 경향신문은 나란히 인간주의 프레임을 구사했다 '꿈' '눈물' 따위의 단어를 사용함으로써 해고 노동자의 아픔을 부각했다. 네 신문은 또 '복직투쟁 물거품'(한국일보), '5년 버틴 복직의 꿈, 끝내…'(서울신문), '5년 버틴 복직의 꿈 대법서 무너지다'(한겨레), '멈추지 못한 6년의 눈물'(경향신문) 따위의 제목으로 해고 노동자의 복직이 이뤄지지 않은 점을 강조했다. 특히 한겨레는 '벼랑 끝 사투 노동자에 대못 박았다', 경향신문은 '원심 파기환송…파기사유 설명도 안 해'라는 제목으로 대법원 판결을 비난했다.

네 신문은 또 눈물 흘리는 조합원 혹은 해고 노동자의 사진을 크게 실었다. 조선일보와 중앙일보

©동아일보

도 사진을 실었으나, 크기가 작았다. 동아일보는 아예 싣지 않았다. 중앙일보는 보수적인 논조와 별개로, 1, 2, 3심 재판부 판결 요지를 비교한 도표와 쌍용차 사태 일지를 제시함으로써 독자들에게 친절하다는 느낌을 줬다.

쌍용차 해고 대법원 판결 보도 프레임 비교

매체	제목	부제	면수	사진
조선일보	대법 "쌍용차 정리해고는 정당"	해고무효소송 원심 파기환송 '긴박한 경영상 필요' 인정	10	눈물 흘리는 금속노조 쌍용차 지부장
중앙일보	대법 "쌍용차 정리해고는 정당, 긴박한 경영상 필요"	근로자 손 들어줬던 2심 파기 손실규모 늘린 재무재표 인정	6	판결 직후 노조간부들 침통한 표정
동아일보	"긴박한 경영상 필요" 사측 손들어줘	대법 "쌍용차정리해고 적법"… 2심 파기환송	14	없음
한국일보	끝내 못 닦은 눈물	대법 "쌍용차 정리해고 유효" 원심 파기환송 2000여일 복직투쟁 물거품	1	눈물 흘리는 해고노동자
서울신문	5년 버틴 복직의 꿈, 끝내…아빠는 운다	대법 "쌍용차 정리해고는 적법…노동자 153명 승소 원심 파기환송	1	눈물 흘리는 쌍용차노조 조합원들
한겨레	5년 버틴 '복직의 꿈' 대법서 무너지다	쌍용차 상고심서 "정리해고 유효" 파기환송 노조 "벼랑 끝 사투 노동자에 대못 박았다"	1	눈물 흘리는 해고노동자
경향신문	쌍용차 해고자, 멈추지 못한 '6년의 눈물'	대법, "정리해고 적법" 원심 파기환송… 파기사유 설명도 안 해	1	눈물 흘리는 해고노동자

동아일보

대법 "쌍용차 정리해고 적법" ··· 2심 파기환송
"긴박한 경영상 필요" 사측 손들어줘

희망퇴직 등 해고회피 노력도 인정
해고 153명 5년만의 복직꿈 가물
"대법이 자본 편에···법정싸움 계속

"기업 운영에 필요한 인력 규모는 특별한 사정이 없는 한 경영자의 판단을 존중해야 한다."
대법원이 2009년 쌍용자동차 대량해고 사태를 사측의 고유 권한이라며 '해고는 무효'라고 본 서울고법의 판결을 뒤집었다.

대법원 3부(주심 박보영 대법관)는 13일 쌍용 자동차 해고 근로자 153명이 회사를 상대로 낸 해고무효확인 소송 상고심에서 "당시 해고는 경영상 긴박한 필요와 해고 회피 노력 등을 갖췄다"며 근로자 측에 승소 판결을 내렸던 2심을 파기하고 사건을 서울고법으로 돌려보냈다. 올해 2월 서울고법에서 승소하며 해고 5년 만에 복직을 꿈꿨던 해고 근로자와 가족들은 "대법원이 또다시 자본 편에 섰다"며 법정싸움을 계속할 뜻을 밝혔다.(후략)

2014년 11월 14일 금요일 A14면 사회/ 신동진, 정세진 기자

중앙일보

대법 "쌍용차 정리해고는 정당, 긴박한 경영상 필요"

근로자 손 들어줬던 2심 파기
손실 규모 늘린 재무제표 인정
근로기준법 개정 논의 영향 줄 듯
민주노총 지부 "납득할 수 없다"

'긴박한 경영상의 필요가 있어야 한다' .

근로기준법 24조에 규정된 '정리해고' 요건이다. 2009년 5월 파업 이후 쌍용자동차 회사 측과 해고 근로자들이 '긴박한 필요'에 대한 평가를 놓고 2000일 넘게 대립해 온 상황에서 대법원이 정리해고 필요성을 인정했다.

대법원 3부(주심 박보영 대법관)는 13일 쌍용차 해고 근로자 김모(40)씨 등 153명이 회사를 상대로 낸 해고무효확인 소송 상고심에서 근로자 측 손을 들어줬던 원심을 파기하고 사건을 서울고법에 돌려보냈다. 재판부는 "2009년 당시 정리해고를 할 수밖에 없는 급박한 경영상의 필요가 인정된다"며 "이와 다르게 판단한 원심은 법리를 오해하거나 심리를 다하지 않은 잘못이 있다"고 밝혔다.(후략)

2014년 11월 14일 금요일 006면 종합/
김기찬 선임기자, 이상재, 박민제, 노진호 기자

한국일보

끝내 못 닦은 눈물

대법 "쌍용차 정리해고 유효"
부당 판결 내린 원심 파기환송
사측 손실 부풀리기 인정 안 해
2000여일 복직 투쟁 물거품
노조 "노동자들에 대못 판결"

...대법원 판결 후 해고 노동자들은 울음을 터뜨리며 절망을 감추지 못했다. 김득중 금속노조 쌍용차 지부장은 "벼랑 끝에서 죽음을 무릅쓰고 살아왔는데 쌍용차 노동자들에게 대못을 박은 판결"이라고 말했다. 민주노총은 성명을 내 "살인적 대량해고를 용인한 무책임한 판결"이라며 "관련 법 개정에 나설 것"이라고 밝혔다.

쌍용차는 보도자료를 통해 "노동계가 주장했던 기획부도설과 회계조작설 등이 사실이 아니라는 점이 밝혀졌다"고 밝혔다. 한국경영자총협회 등 경제단체들도 이번 대법원 판결이 "정리해고의 긴박한 경영상 필요에 대해 폭넓게 인정한 것을 재확인한 것"이라며 환영했다.(후략)

2014년 11월 14일 금요일 A01면 종합/ 이윤주, 조원일 기자

한겨레

5년 버틴 '복직의 꿈' 대법서 무너지다

쌍용차 상고심서 "정리해고 유효" 파기환송
노조 "벼랑끝 사투 노동자에 대못 박았다"

"원심을 파기하고 사건을 서울고법으로 돌려보낸다."
13일 오후 2시 서울 서초동 대법원 2호 법정. 찬바람을 맞으며 법정에 도착한 쌍용자동차 해고노동자들의 얼어붙은 귀에 재판장의 얼음장 같은 한마디가 와서 박혔다. 5년간의 힘겨운 싸움이 끝날 수도 있다는 기대에 차 있던 이들의 가슴을 찬바람이 뚫고 지나갔다.
함께 기름밥을 먹던 동료 25명을 저세상으로 떠나보내면서도 '끝내 이기리라'고 기대했던 이들은 넋을 잃은 듯 쉽사리 입을 열지 못했다. 어깨가 처진 채로 걸어 나와 법정 밖 로비에 모였다. 한두 명씩 눈물을 글썽이기 시작했다. 어떤 이는 안경을 벗고 눈시울을 훔치고, 다른 이는 탄식했다. "뭐 이런 판결이 다 있어?" 누군가 허공에 대고 외쳤다. (중략)

...김득중 금속노조 쌍용차지부장은 기자들에게 "지난 6년간 순간순간 질기고 모진 과정을 거치며 벼랑 끝에서 죽음을 무릅쓰고 살아온 노동자들에게 대못을 박은 판결이다"라고 말했다. 민주노총은 성명을 내어 "(대법원 판결은) 기업의 판단만으로 대량해고를 할 수 있도록 용인하는 무책임의 극치이며, '정리해고의 사유를 엄격히 제한해야 한다'는 사회적 과제를 저버린 배신"이라고 했다.
쌍용차는 입장자료를 내어 "사회적 관심이 높았던 구조조정 문제가 대법원에서 정당성을 인정받고, 소모적인 사회·정치적 갈등이 해소될 수 있게 된 것을 환영한다"고 밝혔다.

2014년 11월 14일 금요일 001면 종합/
이경미, 전종휘, 박승헌 기자

4) 채동욱 사건 관련자 1심 판결(2004.11.18)

2014년 11월 17일 채동욱 전 검찰총장 혼외자 의혹 사건의 한 축인 개인정보 유출과 관련한 법원의 1심 판결이 나왔다.

이와 관련해 개인정보보호법 위반 혐의로 기소된 사람은 모두 세 사람. 조이제 서울 서초구청 행정지원국장에게 혼외자 관련 정보를 요청한 조오영 전 청와대 총무비서관실 행정관, 그에게 정보를 넘겨준 조이제 서울 서초구청 행정지원국장, 역시 조 전 국장에게 관련 정보를 요청해 받은 국정원 정보관 송모 씨가 그들이다.

재판부(서울중앙지법 형사합의27부)는 이 중 조이제 전 국장과 송모 국정원 정보관에 대해선 유죄를 인정했다. 조 전 국장은 징역

©동아일보

8개월의 실형을 선고받고 법정구속됐다. 국정원의 개입 사실을 숨기기 위해 조 전 행정관을 끌어들이는 등 허위진술을 했다는 게 유죄 선고 이유였다.

반면 조 전 행정관에게는 무죄를 선고했다. 진술의 일관성이 없다는 이유에서였다. 하지만 그가 애초 검찰 조사 때 조 전 국장에게 혼외자 정보를 요청한 사실을 인정했기 때문에 판결을 두고 논란이 일었다.

조선일보와 동아일보는 법원 판결 내용을 객관적으로 전달했을 뿐 별도로 해석이나 분석을 붙이지 않았다.

이른바 스트레이트 기사다. 다만 제목은 차이가 났다. 조선일보는 조이제 전 국장이 법정 구속된 사실을 제목으로 뽑았다. 동아일보는 국정원에 초점을 맞췄다. 조 전 국장이 국정원 출신임을 부각해 '前-現 직원'이 유죄판결을 받은 사실을 강조했다. 중앙일보는

조선일보

채동욱 혼외자 정보 무단조회 혐의… 조이제 前 서초구청 국장 법정구속
前 청와대 행정관은 무죄

서울중앙지법 형사27부(재판장 심규홍)는 17일 채동욱(55) 전 검찰총장의 혼외(婚外) 아들로 지목된 채모(12)군의 개인정보를 불법 조회한 혐의로 불구속 기소된 조이제(54) 전 서초구청 행정지원국장에게 징역 8개월을 선고하고 법정구속했다. 재판부는 조 전 국장에게 정보 조회를 요청한

국가정보원 직원 송모(42)씨에게는 징역 8개월에 집행유예 2년을 선고하고, 같은 혐의로 기소된 조오영(55) 전 청와대 총무비서관실 행정관에게는 무죄를 선고했다.(후략)

2014년 11월 18일 화요일 A12면 사회/ 최연진 기자

동아일보

'蔡군 정보조회' 국정원 前-現직원 유죄

채동욱 혼외자 '불법추적' 1심 판결

...재판부는 "원세훈 전 국정원장의 의전관으로 근무했던 최측근이자 서초구의 유일한 국정원 출신 직원인 조 전 국장에게 송 씨가 가족관계등록부 조회를 부탁했을 것으로 보인다"고 판단했다. 이어 "특정 공직자의 비위 사실을 적발하기 위한 정보수집활동은 국정원법이 한정적으로 열거한 직무 범위에 해당하지 않는다"며 '혼외자 첩보'의 진위 확인 활동은 위법하다고 봤다.

그러나 조 전 국장에게 정보조회를 부탁한 혐의로 기소된 조 전 행정관에 대해선 "유죄를 입증할 증거가 부족하다"고 밝혔다.

국정원 직원이 정보 조회에 관여한 사실을 숨기기 위해 조 전 국장이 국정원과 관련이 없는 청와대 행정관을 허위로 지목했을 가능성이 있다는 것이다. 조 전 행정관이 검찰 조사와 구속영장실질심사에서 범행을 인정한 부분 역시 "진술에 일관성이 없고 (청와대) 감찰 과정에서 유도됐을 가능성이 있다"며 신빙성을 인정하지 않았다.(후략)

2014년 11월 18일 화요일 A12면 사회/ 신동진 기자

한국일보

'채동욱 혼외자 정보유출' 靑 행정관만 무죄

조오영 당시 총무비서관실 행정관
'채군 신상정보 부탁' 자백 번복에
재판부 '믿을 수 없다' 면죄부
정보 청탁한 국정원 직원 집행유예
전달한 서초구청 전 국장 징역8월

...하지만 재판부는 조 전 행정관이 수사 초기에 왜 혐의를 그대로 인정했는지 납득할 만한 설명을 내놓지 못했다. 재판부는 "조 전 행정관의 (범행 인정) 진술이 조 전 국장과 언론 보도 내용을 기초로 한 것이므로 그대로 믿기 어렵다"는 결론을 냈다. 언론 보도를 보고 자기가 직접 하지도 않는 범죄를 스스로 뒤집어썼다는 것이다.

재판부는 조 전 국장에 대해서는 "정해진 절차를 따르지 않고 임의로 개인정보를 무단으로 조회해 죄책이 무거운데도 다른 사람을 관여자로 내세우거나 음모론으로 수사에 혼란을 줬다"며 "엄한 처벌이 필요하다"고 판단했다. 송씨에 대해서는 "특정 공직자의 비위사실을 적발하기 위한 정보활동이 국정원 직무에 해당한다고 볼 수 없다"면서도 "국정원 직원으로서 수사 및 재판에서 적극적으로 방어권을 행사할 수 없었던 사정이 있어 보이고 채군의 어머니인 임모씨도 처벌을 원치 않는다"며 집행유예 선고 이유를 설명했다.

2014년 11월 18일 화요일 A10면 사회/ 조원일 기자

아예 관련 기사를 싣지 않아 눈길을 끌었다.

중도 및 진보 성향 신문은 전반적으로 비판적인 논조를 띠었다. 서초구 국장이 구속된 사실보다 청와대 행정관이 무죄판결을 받은 점을 문제 삼았다. 대체로 스트레이트 형식을 취했지만, 한국일보와 한겨레는 해설 혹은 분석을 곁들였다.

한국일보는 청와대 행정관에게 무죄를 선고한 사실을 제목으로 달았다. '하지만 재판부는 조 전 행정관이 수사 초기에 왜 혐의를 그대로 인정했는지 납득할 만한 설명을 제대로 내놓지 못했다'는 지적이 이 제목을 뒷받침한다.

서울신문은 매우 적은 분량의 단신으로 처리했다. 해석이나 분석 없이 법원 판결 요지만 전달했다. 다만 제목의 뉘앙스는 달랐다. '前 서초구 국장만 실형 선고'라는 제목에는 판결 내용이 한쪽으로 치우친 게 아니냐는 의구심이 담겼다.

서울신문

'채동욱 사건' 前 서초구 국장만 실형 선고

'채동욱 전 검찰총장 혼외자 의혹'과 관련한 개인정보 불법 조회 사건 재판에서 구청 간부에게만 실형이 선고됐다. 서울중앙지법 형사합의27부(부장 심규홍)는 17일 개인정보보호법 위반 혐의로 기소된 조이제(54) 전 서울 서초구청 행정지원국장에게 징역 8개월의 실형을 선고하고 법정구속했다. 조 전 국장에게 부탁해 채 전 총장의 혼외자로 지목된 채모군의 개인정보를 넘겨받은 국가정보원 정보관 송모(43)씨에게는 징역 8개월에 집행유예 2년이 선고됐다.(후략)

2014년 11월 18일 화요일 009면 사회

한겨레

'채동욱 혼외자 정보유출 혐의' 청와대 행정관에 면죄부

1심서 무죄…국정원 직원은 집유
실행 옮긴 서초구청 국장만 실형

채동욱(55) 전 검찰총장의 '혼외 의심 아들' 개인정보 유출에 관여한 인물들 가운데 서울 서초구청 국장에게만 실형이 선고됐다. '국가정보원 대선개입 사건'을 지휘한

채 전 총장의 뒤를 캐려고 청와대와 국정원이 전방위로 움직였지만, 실질적 처벌은 정보 유출 '실행자' 한 사람만 받게 됐다. 검찰 수사가 '용두사미'로 끝났는데, 그 꼬리조차 제대로 처벌받지 않는 상황이 됐다.(후략)

2014년 11월 18일 화요일 009면 사회

경향신문

'채동욱 혼외자' 정보유출 '꼬리'만 실형

전 서초구 국장 8월형 선고
전 청와대 행정관은 '무죄'

채동욱 전 검찰총장의 혼외자로 알려진 채모군의 학교생활기록부와 가족관계등록부 등을 불법 조회한 혐의로 기소된 조이제 전 서초구 행정지원국장에게 징역 8월의 실형이 선고됐다. 함께 기소된 국가정보원 직원 송모씨에게는 징역 8월에 집행유예 2년이 선고됐다.

조 전 국장으로부터 채군 개인정보를 제공받은 혐의를 받았던 조오영 전 청와대 총무비서관실 행정관에겐 "입증이 부족하다"며 무죄가 선고됐다.
서울중앙지법 형사합의27부(심규홍 부장판사)는 17일 개인정보보호법 위반 혐의로 기소된 조 전 국장 등에게 이같이 선고했다. 조 전 국장은 법정구속됐다.(후략)

2014년 11월 18일 화요일 014면 사회

한겨레는 제목부터 확연히 달랐다. '면죄부'라는 표현으로 판결 내용을 강하게 비판했다. 기사 본문에서도 '검찰 수사가 용두사미로 끝났는데, 그 꼬리조차 제대로 처벌받지 않는 상황이 됐다'고 단정적으로 표현했다.

경향신문의 프레임은 한겨레와 비슷했다. '꼬리만 실형'이라는 제목부터 그렇다. 하지만 기사에서는 사실관계만 간략히 다뤘다.

채동욱 사건 관련자 1심 판결 보도 프레임 비교

매체	제목	부제	면수	기타
조선일보	'채동욱 혼외자' 정보 무단조회 혐의 조이제 前 서초구청 국장 법정구속	前 청와대 행정관은 무죄	12	
중앙일보				기사 없음
동아일보	'蔡군 정보조회' 국정원 前-現 직원 유죄	'채동욱 혼외자' 불법추적 1심 판결	12	
한국일보	'채동욱 혼외자' 정보유출 靑 행정관만 무죄	자백 번복에 재판부 "믿을 수 없다" 면죄부 윗선 밝힐 구속영장 기각 이어 논란	10	
서울신문	'채동욱 사건' 前 서초구 국장만 실형 선고		9	
한겨레	'채동욱 혼외자' 정보 유출 혐의 靑 행정관에 면죄부	1심서 무죄…국정원 직원은 집유 실행 옮긴 서초구 국장만 실형 선고	9	
경향신문	'채동욱 혼외자' 정보 유출 '꼬리'만 실형	전 서초구 국장 8월형 선고 전 청와대 행정관은 '무죄'	14	

3. 프레임 이론

세상에는 매일 많은 사건이 일어난다. 그 중엔 작은 사건도 있고 큰 사건도 있다. 사건은 내가 사는 곳에서만 일어나는 게 아니다. 전국 각지에서, 나아가 전 세계에서 끊임없이 일어난다.

우리는 이 모든 사건 중 극히 일부를 언론을 통해 알게 된다.[43] 언론학자 터크만Tuchman이 "뉴스는 세상을 향한 창News is a window on the world"이라고 말한 것도 이런 맥락일 것이다.[44] 언론이 보도하지 않는 사건은 현실 안에 있으면서도 현실 밖에 놓이게 된다. 존재하되 존재하지 않는 셈이다. 뉴스 미디어의 속성이 '선택'일 수밖에 없는 이유다.

언론학자들은 미디어의 이런 선택 기능에 주목해 프레임 이론을 만들고 발전시켜 왔다. 프레임 연구의 선구자는 고프만Goffman이다. 고프만은 프레임을 "사회적 사건과 그에 대한 우리의 주관적 개입을 지배하는 조직의 원칙"이라고 정의했다. 그는 '프레임 분석frame analysis'에 대해 "경험의 조직organization of experience에 대한 검토를 언급하는 슬로건"이라고 덧붙였다.[45] 고프만에 따르면 일차적 프레임primary

---

43 전통적인 개념의 언론은 신문과 방송을 가리키지만, 세상일을 알리는 도구라는 점에서 인터넷 뉴스와 트위터나 페이스북 같은 소셜 미디어도 큰 틀에선 언론의 범주에 넣을 수 있을 것이다.

44 Tuchman,Gaye, 『Making News: A study in the construction of reality』, New York: The Free Press, 1978, p.1.

45 Goffman,Erving., 『Frame Analysis: An Essay on the Organization of Experience』, Cambridge, MA: Harvard University Press, 1974, pp.10~11.

framework은 조직의 정도에 따라 변화한다. 그럼에도 사람들은 일차적 프레임을 통해 무수히 많은 구체적 사건을 찾아내고, 인식하고, 정의하고, 분류하게 된다.[46]

터크만은 뉴스 프레임의 개념을 훨씬 쉽게 설명했다. 그에 따르면 프레임은 '세상을 알게 하는 도구'다. 우리는 뉴스 프레임을 통해 다른 사람들의 관습과 지도자들, 생활방식을 알게 되며 나아가 다른 나라와 그 국민의 그것도 알게 된다는 것이다.[47]

그러면서 터크만은 단서를 달았다. 프레임이 아무리 세상을 잘 묘사한다 해도 미심쩍은 구석이 있게 마련이라는 것. 그 이유를 그는 흥미롭게 설명했다. "창문을 통한 조망은 창이 큰지 작은지, 창유리가 많은지 적은지, 도로를 향해 나 있는지 뒤뜰로 나 있는지에 따라 달라질 수밖에 없다."[48] 물론 그가 말하는 '창문'은 뉴스 프레임을 뜻한다.

대중매체의 이데올로기적 성격을 연구하는 학자들은 한 사회의 이데올로기와 가치, 문화 등이 사회 전체로 전파되는 구체적인 기제로 미디어혹은 뉴스 프레임이라는 개념을 사용했다. 대표적인 학자가 기틀린Gitlin이다.[49]

---

[46] Goffman, 앞의 책, p.21.

[47] Tuchman, 앞의 책, p.1.

[48] Tuchman, 앞의 책.

[49] 송용회, "미디어, 프레임, 현실구성: 미디어 프레임 연구의 과제와 발전방향 모색을 위한 소고", 「프로그램/ 텍스트」, 13호, 2005, p.134.

기틀린은 저서 『The Whole Word is Watching』에서 프레임을 이렇게 설명했다.

"우리 앞에 그려진 세상이 있는 그대로의 세상이라고 당연하게 여길 수 없다. 세상엔 많은 것이 존재하고 매 순간 사건으로 넘쳐난다. 프레임은 무엇이 존재하고 무엇이 발생하고 무엇이 문제인지에 대한 작고 조용한 이론들로 구성된 선택과 강조, 해석이다." [50]

기틀린은 미디어 프레임을 지속적인 인식과 해석, 표현, 선택, 강조, 배제의 패턴이라고 정의한 후 이런 방식으로 의미 조작자들 symbol-handlers이 언어나 시각적 수단을 사용해 일상적으로 담론을 구성해간다고 했다.[51] 그가 말하는 '의미 조작자'는 언론 혹은 뉴스 생산자를 뜻한다.

기틀린은 이 책에서 미국 언론이 합법 대 비합법, 평화 대 폭력 등의 이원적 대립구도로 신좌파운동을 조명해 '민주사회를 위한 학생모임SDS'에 대한 대중의 인식을 부정적으로 왜곡했다고 주장했다.[52]

매스 커뮤니케이션 분야의 선구적 이론가인 탠카드Tankard가 정의한 프레임 개념도 기틀린의 주장과 비슷하다. 탠카드는 미디어 프레임을 "맥락을 제공하고, 해당 이슈를 선정, 강조, 배제, 그리고 정교화하는 과정과 방식을 거침으로써 뉴스의 내용에 대한 핵심적인 생

50 Gitlin, Todd, 『The Whole Word is Watching: Mass Media in the Making and Unmaking of the New Left』, Berkeley, CA: University of California Press, 1980, p.6.

51 Gitlin, 앞의 책, p.7.

52 김정현, "언론의 사회적 현실구성에 관한 논의", 『한국언론학보』, 45권 4호, 2001년 가을, p.40.

각을 조직화한다"고 정의했다.[53]

아옌가Iyengar는 저서 『Is Anyone Responsible?; How television frames political issues』에서 프레임과 구분해 프레이밍framing·틀 짓기의 개념을 창안했다. 그에 따르면 프레이밍은 판단과 선택을 진술하거나 표현할 때 나타나는 미묘한 변화다.[54] 또한 프레이밍 효과는 이러한 변경에 따른 의사결정의 변화다. 아옌가는 이 책에서 1980년대 미국의 TV 방송이 프레임을 통해 실업, 빈곤, 인종 불평등 문제를 어떻게 다뤘는지 분석했다.[55]

아옌가는 뉴스 스토리가 구성되는 방식에 따라 뉴스 프레임을 일화 중심적 프레임episodic frame과 주제 중심적 프레임thematic frame으로 나누었다. 일화 중심적 프레임은 개인이 일화나 사건의 특수성에 초점을 맞추는 것이다. 주제 중심적 프레임은 사회정책의 원인과 결과에 초점을 맞추는 것이다.[56]

이 방식으로 실험한 결과 일화 중심적 프레임의 뉴스보도를 본

53 Tankard et al., "Media Frames: Approaches to conceptualization and Measurement", annual meeting of the Association for Education in Journalism and Mass Communication, Boston, August 1991. Griffin, Em 『A First Look at Communication Theory』, 5ht Edition. Boston: McGraw-Hill, 2004. 재인용. 김동윤·오소현 옮김, 『첫눈에 반한 커뮤니케이션 이론』, 개정판, 커뮤니케이션북스, 2012, p.566.

54 Iyengar, Shanto, 『Is Anyone Responsible?; How television frames political issues』, Chicago, IL: University of Chicago Press, 1991, p.11.

55 Iyengar, 앞의 책. 이동훈·김원용, 『프레임은 어떻게 사회를 움직이는가』, 삼성경제연구소, 2012, p.160. 재인용.

56 Iyengar, 앞의 책. 이준웅, "갈등적 이슈에 대한 뉴스프레임 구성방식이 의견 형성에 미치는 영향", 『한국언론학보』, 46권 1호, 2001년 겨울, p.447. 재인용.

시청자들은 특정 사회문제를 개인의 책임으로 돌리는 경향이 있는 반면, 주제 중심적 프레임의 뉴스보도를 본 시청자들은 사회구조적인 문제로 인식하는 경향이 드러났다.[57]

아옌가의 프레임 분류법은 언론의 사회적 책임을 강조한 것으로 해석된다. 즉 "언론은 사회적 이슈를 개인의 경험이나 일화를 중심으로 보도하지 말고, 사회구조적 관점에서 원인과 결과를 따져 보도해야 한다는 것이다."[58]

엔트만은 프레이밍을 '선택selection'과 '부각salience'[59]이라고 정의했다. 그에 따르면 '틀 짓기'란 인지된 현실의 단면을 선택해서 텍스트를 전달할 때 더욱 두드러지게 하는 것이다. 엔트만은 프레임의 유형을 문제정의define problems, 원인진단diagnose causes, 도덕적 판단make moral judgments, 해결책 제시suggest remedies 4가지로 분류했다.[60]

그밖에 밸켄버그Valkenburg, P.M.와 세멧코Semetko, H.A. 등이 분류한 프레임 유형은 책임 귀인 프레임, 인간 흥미 프레임, 갈등 프레임, 도덕성 프레임, 경제적 결과 프레임 5가지가 있다.[61]

---

57 Iyengar, 앞의 책. 송용회, 앞의 글, p.137. 재인용.

58 이준웅, "프레임, 해석, 그리고 커뮤니케이션 효과", 『언론과 사회』, 29호, 2000년 가을, pp.141~142.

59 국내 논문 중에는 'salience'를 '현저성'으로 번역한 사례가 많으나, 문맥상 '부각'이 더 적절하고 자연스러워 보인다.

60 Entman, R. M., 앞의 글.

61 Valkenburg, P. M., Semetko, H. A., & De Vreese, C. H., 「The Effects of News Frames on Readers' Thought and Recall」, Communication Research, 26(5), October 1999. 김원용·이동훈, "언론 보도의 프레임 유형화 연구: 국내 원자력 관련 신문보도를 중심으로", 『한국언론학보』, 49권 6호, 2005.12, pp.166~197. 재인용.

프레임 연구는 크게 질적 방법론과 양적 방법론으로 구분한다. 송용회는 터크만과 기틀린의 연구는 전자, 아옌가는 후자에 해당된다고 봤다. 질적 방법론자들은 언론의 작동원리를 염두에 두고 다양한 텍스트 분석을 하지만 연구자의 주관에 전적으로 의존한다. 반면 양적 방법론자들은 미디어 프레임을 분석하는 데 일반적으로 적용할 수 있는 분류 기준을 원용해 빈도를 측정하는 방식을 선호한다.[62]

초기에 개념화 설정에서 출발한 미디어 프레임 연구는 텍스트 분석을 거쳐 그것이 실제로 뉴스 수용자들에게 어떤 영향을 미치는지에 대한 연구로 발전했다. 이와 관련해선 국내에서도 적지 않은 연구가 이뤄졌다. 이데올로기적 차별성이 두드러지고 오피니언 리더들을 중심으로 한 여론 형성에 큰 영향을 끼치는 한국 신문은 프레임 이론의 실증적 연구 대상으로 더없이 적절하다는 게 필자의 판단이다.

손영준이 전국 19대 대학생 1,323명을 대상으로 조선일보, 중앙일보, 동아일보, 한겨레, 방송 3사 및 오마이뉴스 등 8개 매체 이용 실태를 조사한 결과에 따르면, 각 매체의 프레임이 수용자들에게 일정한 영향을 끼치는 것으로 드러났다. 한겨레와 오마이뉴스를 이용하는 것은 다른 요인들을 통제했을 때 상대적으로 더 진보적 의견

62 송용회, 앞의 글, pp.132~144.

을 갖는 데 영향을 미쳤다. 조선일보와 동아일보를 보는 것은 더 보수적 의견이나 태도를 갖는 데 영향을 미쳤다.[63]

이준웅은 대학생 403명을 대상으로 "신문산업의 불공정 거래를 규제하기 위한 신문고시 부활"에 대한 의견을 물었다. 이들에게 제시한 기사는 조선일보, 중앙일보, 동아일보, 한겨레, 대한매일의 사설, 해설, 칼럼. 실험결과 신문고시에 대한 동일한 내용의 뉴스를 읽은 뉴스 수용자라 할지라도 프레임에 따라 다르게 해석한다는 점이 드러났다. 특히 '정부통제'와 '자율시장' 프레임을 접한 응답자는 신문고시의 부활이나 정부의 언론통제를 반대하는 쪽에 가깝게 해석한 반면, '시장개혁' 프레임을 접한 응답자는 신문고시의 부활을 찬성하는 쪽에 가깝게 해석한 것으로 밝혀졌다.[64]

이준웅이 주목한 것은 아옌가가 제시한 뉴스 스토리의 구성 변화다. 즉 뉴스의 내용과 설득적 함의가 지닌 영향력도 중요하지만, '뉴스 스토리를 구성하는 방식'이 개인의 인식, 해석, 그리고 의견에 미치는 영향이 보다 미묘하고도 중요하다는 것이다.[65]

박기수는 경향신문, 동아일보, 한국일보 등 3개 일간지의 "4대강 사업 뉴스에 대한 보도 프레임"을 연구했다. 각 매체의 프레임 유형

63 손영준, "미디어 이용이 보수 진보적 의견에 미치는 영향", 「한국언론학보」, 48권 2호, 2004.4, pp.240~266.

64 이준웅, 앞의 글(2001), pp.441~482.

65 이준웅, "갈등적 사안에 대한 여론 변화를 설명하기 위한 프레이밍 모형 검증연구", 「한국언론학보」, 49권 1호, 2005, p.138.

을 비교한 결과 이념적 성향에 따라 4대강 사업을 둘러싼 보도 프레임에 차이가 있는 것으로 조사됐다. 4대강 사업과정을 보도하는 일화 중심 프레임의 경우 동아일보, 경향신문, 한국일보 순으로 비중이 높았고, 4대강 사업의 원인과 속성에 비중을 둔 주제 중심 프레임의 경우엔 한국일보와 경향신문이 동아일보보다 높은 것으로 분석됐다.[66]

김정아와 채백의 "언론의 정치 성향과 프레임: '이해찬 골프'와 '최연희 성추행 사건의 보도를 중심으로"라는 논문은 이 책의 주제와 관련해 매우 흥미로운 연구결과를 보여준다. 이 논문은 '이해찬 골프'와 '최연희 성추행' 사건에 대한 조선일보와 한겨레의 보도 프레임을 엔트만이 정의한 4가지 프레임 유형에 따라 분석했다.

연구결과에 따르면 두 신문의 프레임은 거의 완벽하게 대립되는 프레임을 사용했다. 이를테면 도덕적 평가에서 조선일보는 이해찬에 대해선 '부도덕성' 프레임을, 최연희에 대해선 '인간적 실수' 프레임을 사용했다. 한겨레는 이와 정반대의 프레임을 구축했다. 해결책 제시의 경우 조선일보는 이해찬에 대해 '사퇴' 프레임을, 한겨레는 최연희에 대해 같은 프레임을 적용한 기사가 많았다.[67]

기사에 인용되는 취재원 혹은 정보원의 견해가 언론의 정파성에

---

[66] 박기수, "4대강 사업 뉴스에 대한 보도 프레임 연구: 경향신문 동아일보 한국일보 등 3개 종합일간지를 중심으로", 『한국언론학보』, 55권 4호, 2011.8, pp.5~26.

[67] 김정아·채백, "언론의 정치 성향과 프레임': '이해찬 골프'와 '최연희 성추행' 사건 보도를 중심으로", 『한국언론정보학보』, 41호, 2008년 봄, pp.232~267.

따라 달라지기도 한다.

이건호와 고흥석이 2008년 미국산 쇠고기 수입 파동에 대한 언론 보도를 분석한 결과에 따르면 신뢰도가 높다고 알려진 전문가의 정보가 보수신문에서는 수입 찬성이나 중립, 진보신문에서는 수입 반대 의견에 활용됐다. 불편부당할 것이라 여기는 과학적 정보마저도 신문에 따라 선별적으로 활용된 셈이다.[68]

미디어 프레임이 수용자의 성향에 따라 결정된다는 주장도 있다. 어떤 사실에 대한 수용자의 믿음이 양편으로 갈릴 경우 미디어도 수용자의 믿음에 따라 양편으로 갈리게 된다. 그에 따라 뉴스 시장은 진보적인 뉴스를 공급하고 소비하는 미디어와 수용자, 보수적인 뉴스를 공급하고 소비하는 미디어와 수용자로 양분된다는 것이다.[69]

언론학자들에 따르면 미디어 프레임 구축에는 3가지 요소가 영향을 끼친다. 첫째는 언론인 차원의 영향이다. 언론인의 성격, 배경, 경험, 정치적 태도, 가치, 신념 등 기자의 내적 요인을 말한다. 둘째는 미디어 조직 차원의 영향이다. 제작 관행 및 조직의 정치적, 경제적 성향 등이다. 셋째, 조직 외부의 영향이다. 미디어 간의 경쟁, 광고주, 정부의 규제, 이익집단 등이다.[70]

---

68 이건호·고흥석, "취재원 활용을 통해 살펴본 한국 신문의 보도시각 고찰: 미국 쇠고기 수입 관련 기사에 나타난 취재원 신뢰도와 유인가(valence) 분석을 중심으로", 『한국언론학보』, 53권 2호, 2009.6, pp.347~369.

69 최선규·유수정·양성은, 앞의 글, p.75.

70 김원용·이동훈, "신문의 보도 프레임 형성과 뉴스 제작 과정에 대한 연구", 『한국언론학보』 48권 4호, 2004.8, pp.355~357.

이처럼 프레임은 매체의 정체성을 규정짓는다. 어떤 프레임을 사용하느냐에 따라 사건의 의미나 진실이 달라질 수 있는 것이다. 만일 강력하게 확립된 프레임이 사실과 부합하지 않으면, 사실은 무시되고 프레임은 유지된다는 것이 보편적인 연구 결과다.[71]

그런데 프레임은 언론에만 있는 게 아니다. 취재대상도 프레임을 구사한다. 이를테면 보수세력은 안정적이면서 노련한 보수 프레임을, 진보세력은 공격적이면서도 세련된 진보 프레임을 사용한다. 특정한 목적을 지닌 정치세력의 프레임을 제대로 간파하지 못하면 언론은 사실이나 진실과 거리가 먼 보도를 하게 마련이다. 이와 관련해 레이코프의 말이 의미심장하다. "프레임을 꿰뚫어보는 법"을 배우는 것이야말로 기자들의 '특별한 의무'이다."[72]

[71] Lakoff, George, 『Don' t Think of an Elephant!: Know Your Values and Frame the Debate: The Essential Guide for Progressives』, Chelsea Green Publishing, 2004. 유나영 옮김, 『코끼리는 생각하지 마』, 삼인, 2006, p.82.

[72] 유나영, 앞의 책, p.106.

WHICH
SIDE
ARE YOU
ON?

프레임 유형

– 채동욱 전 검찰총장 혼외자 의혹을 보다

프레임 유형

└ 채동욱 전 검찰총장 혼외자 의혹을 보다

한국사회에서 논쟁적인 정치적 사건이 대체로 그렇듯 채 전 총장 혼외자 의혹 사건 역시 보수·진보 진영 간 극심한 갈등을 일으켰다. 보수·진보 세력의 대립 양상이 언론 보도를 통해 어떻게 나타났는지, 또한 성향이 서로 다른 언론사들이 이 사건을 어떤 관점에서 바라보고 어떤 점을 부각하고 배제했는지를 알아보기 위해 몇 가지 연구 문제를 설정했다.

첫째, 채동욱 전 검찰총장 혼외자 의혹에 대한 언론사별 기사 유형은 어떻게 다른가.

둘째, 채동욱 전 검찰총장 혼외자 의혹에 대한 언론사별 기사 빈도는 시기에 따라 어떻게 다른가.

셋째, 채동욱 전 검찰총장 혼외자 의혹에 대한 언론사별 프레임은 어떤 차이를 보이는가.

넷째, 채동욱 전 검찰총장 혼외자 의혹에 대한 기사 빈도와 프레임은 이슈별로 어떻게 다른가.

다섯째, 채동욱 전 검찰총장 혼외자 의혹에 대한 언론 보도 프레임은 시기별로 어떻게 다른가.

첫째는 채 전 총장 혼외자 의혹 사건에 대한 기사의 형식을 살펴보는 것으로, 구체적으로는 스트레이트로 대표되는 객관적 보도와, 객관성을 띠면서도 주관적 내용이 담긴 해설·분석 기사, 매체의 정체성이나 기자의 신념과 관련된 사설·칼럼 등 주관적 보도의 비중이 어떻게 달랐는지 알아보는 것이다.

둘째는 채 전 총장 혼외자 의혹 사건에 대한 각 언론의 기사 빈도가 시기에 따라 어떻게 달랐는지를 알아보기 위해서다. 이는 이 사건에 대한 언론 보도의 전체적 흐름과 일정한 경향을 파악하는 데 도움을 줄 것이다.

셋째는 언론이 채 전 총장 혼외자 의혹 사건을 어떤 틀에서 바라보고 어떤 점을 중시하고 강조했는지를 살펴보기 위해서다. 가장 핵심적인 연구주제로서, 보수·진보 신문의 프레임 대립 양상과 중도 성향 신문의 프레임 분석을 통해 언론의 정체성을 확인하는 한편 언론 보도가 여론에 어떤 영향을 끼쳤는지 가늠해볼 수 있을 것이다.

넷째는 채 전 총장 혼외자 의혹 사건에서 기사 빈도와 프레임이 주요 이슈에 따라 어떤 차이를 보였는지를 알아보기 위해서다. 이 사건 전개 과정에 변곡점이 됐던 주요 이슈들을 선정해 각 이슈에 대한 언론사별 기사 분량과 프레임이 어떻게 달랐는지를 살펴봤다.

다섯째는 채동욱 전 검찰총장 혼외자 의혹 사건에 대한 언론의 보도 프레임이 시기별로 어떤 차이를 보였는지 알아보기 위해서다. 세 신문의 프레임이 시간의 흐름에 따라 어떤 변화를 보였는지 살펴보는 것이다.

1. 조사 방법

일반적으로 방송은 속보성과 현장성이 뛰어난 반면 심층성과 지속성에서 신문에 뒤처진다는 평가를 받는다. 또한 신문에 비해 공공 성격이 강한 방송은 상대적으로 이념성에 따른 정파성이 약하다. 정파성이 언론의 보도 프레임에 어떤 영향을 끼치는지를 알아보는 데는 방송보다 신문 분석이 더 적합하다고 볼 수 있다.

채동욱 전 검찰총장 혼외자 의혹 사건에 대한 보수·진보 진영의 시각 차이가 컸던 만큼 신문 중에서도 보수를 대표하는 조선일보와 진보를 대표하는 한겨레를 분석대상으로 삼았다. 이념적 성향이 크게 다른 조선일보와 한겨레는 그간 우리 사회에서 큰 논란을 일으

킨 이슈에 대해 대조적인 프레임을 사용해 보도해 왔다.[73]

여기에 이념 성향이 뚜렷하지 않은 서울신문을 추가해 보수·진보 신문의 중간 지점에선 어떤 프레임이 작용했는지를 살펴보기로 했다.[74] 서울신문 보도에 대한 분석은 조선일보와 한겨레의 정파적 편향성을 비교하는 잣대가 될 것으로 기대했다.

자료는 3단계에 걸쳐 수집했다. 기본 검색은 각 언론사 홈페이지와 전문 기사검색 서비스를 이용했다. 먼저 조선일보, 서울신문, 한겨레의 홈페이지 검색창에 '채동욱' '혼외자' 두 키워드를 넣어 해당 기사를 추출했다. 이어 한국언론진흥재단의 종합기사 검색 서비스인 카인즈www.kinds.or.kr와 오프라인 기사검색 서비스인 스크랩마스터www.scrapmaster.co.kr를 이용해 추출된 온라인 기사가 실제 지면 기사와 일치하는지를 확인했다. 이 과정을 통해 통신사 기사나 온라인팀 기사 등 지면에 실리지 않고 온라인에만 게재된 기사는 배제했으며 중

---

[73] 박미선, 『교과서 논란 신문 보도에 대한 프레임 연구—교학사 역사교과서 사건을 중심으로』, 중앙대학교 대학원 석사학위논문, 2014. 심흥식, 『한국 언론의 보수와 진보 프레임에 관한 분석적 고찰—조선일보와 한겨레신문의 한미FTA 사설 분석』, 경기대학교 대학원 박사학위논문, 2013. 안정순, 『다문화 사회에 대한 보도 프레임 연구—2010년과 2011년 한겨레신문과 조선일보를 중심으로』, 중앙대학교 대학원 석사학위논문, 2013. 신황호, 『박근혜 정부 각료 선임 청문회 관련 언론 프레임 연구: 김종훈 장관 후보자에 대한 진보-보수 언론을 중심으로』, 중앙대학교 대학원 석사학위논문, 2013. 이승수, 『국정원 여직원 사건에 대한 뉴스 프레임 연구—조선일보와 한겨레신문 중심으로』, 중앙대학교 대학원 석사학위논문, 2013. 연지영·이건호, "성과 정치 리더십에 대한 언론 프레임 연구: 18대 대통령 선거 보도를 중심으로", 『한국언론학보』, 58권 1호, 2014.2, pp.199~225. 임미영·안창현·감규식·유홍식, "박근혜에 대한 보도 프레임 분석: 조선일보와 한겨레를 중심으로", 『언론과학연구』, 10권 3호, 2010, pp.457~498. 김정아·채백, 앞의 글.

[74] 서울신문의 최대 주주는 우리사주조합(39%)이지만, 재정경제부를 비롯해 포스코, KBS 등 정부 관련 지분이 61%에 달해 정부 출자 신문으로 불린다. 제호를 대한매일로 일시 바꿨던 노무현 정부 시절 한겨레, 경향신문과 더불어 진보성향으로 분류되기도 했으나, 이명박 정부 이후 비교적 중도 노선을 걷는 신문으로 평가받는다.

복된 기사는 하나의 기사로 간주했다.

이런 방식으로 실제 지면에 게재된 기사만 추출한 후 이 중 주제가 검색어와 동떨어지거나 검색어가 단순하게 또는 부차적으로 언급된 기사, 사진 설명만 있는 기사는 '기타' 항목으로 묶어 분석대상에서 제외했다. 이는 기계적 추출로 단순히 분석대상을 늘리는 것이 연구에 별 도움이 안 될뿐더러 프레임 분류와 유의미한 통계 산출에 방해가 된다고 판단했기 때문이다.

3차에 걸쳐 실제 지면에 실렸던 유의미한 기사를 추출한 결과 조선일보 84건(25.6%), 서울신문 86건(26.1%), 한겨레 159건(48.3%) 등 모두 329건이 분석대상에 포함됐다. 기타 항목으로 처리된 기사는 조선일보 17건, 서울신문 36건, 한겨레 25건 등 78건이다.

언론사별 보도 건수

매체	기사 수		합계
	분석 대상	기타(단순 · 일반언급, 사진기사)	
조선일보	84(25.6%)	17	101
서울신문	86(26.1%)	36	122
한겨레	159(48.3%)	25	184
합계	329(100%)	78	407

2. 사건 전개

분석 기간은 채동욱 전 검찰총장 혼외자 의혹이 처음 불거진 2013년
9월 6일부터 이 사건에 대한 검찰 수사결과가 발표된 직후인 2014년
5월 9일까지로 정했다. 이를 다시 주요 이슈에 따라 네 구간으로 나
누었다. 시기 구분은 이 사건의 흐름이 어떤 지점에서 어떻게 바뀌었
는지를 보여준다.

먼저 1기는 조선일보가 채 전 총장의 혼외자 의혹을 처음 보도한
2013년 9월 6일부터 9월 28일까지다. 이 기간 언론 보도는 혼외자 의
혹 자체에 대한 사실 공방에 치우쳤다. 또한 조선일보를 제외한 상
당수 언론은 혼외자 의혹과 별개로 청와대, 국정원 등 권력기관의
개입 의혹을 제기했다. 9월 28일 청와대가 채 총장의 사표를 수리하

사건 시기 구분

구분	기간	주요 사건
1기	2013.9.6~2013.9.28	조선일보 채동욱 검찰총장 혼외자 의혹 제기, '내연녀' 임모 여인 편지 공개, 채동욱 사의 표명, 법무부 감찰, 청와대 사표 수리.
2기	2013.9.29~2013.11.25	채동욱 사퇴, 임 여인의 가정부 이모 씨 TV조선 폭로 인터뷰.
3기	2013.11.26~2014.2.4	'혼외자' 채모 군 개인정보 유출한 서초구청 압수수색, 청와대 행정관 연루 확인, 국정원 직원 개입 확인, 채동욱·임 여인 모자(母子) 같이 찍은 사진 확보.
4기	2014.2.5~2014.5.9	채동욱 고교동창 삼성 계열사 전 임원 이모 씨 임 여인 측에 2억 원 송금 사실 확인, 조선일보 보도 3개월 전 청와대 4개 비서관실의 채군 관련 정보 수집 사실 확인, 공금횡령 혐의 이씨 구속, 수사결과 발표.

기까지 언론은 다양한 관점의 기사를 쏟아냈다.

이때까지만 해도 조선일보를 제외한 대부분의 언론은 채 총장의 혼외자 의혹에 대해 유보적 태도를 취하며 개인정보 유출과 관련된 국가기관의 개입 의혹에 더 관심을 기울이는 양상을 보였다. 여기엔 채 총장이 혼외자 의혹에 대해 "사실무근"이라고 전면 부인하면서 조선일보를 상대로 정정보도 청구소송을 낸 것도 영향을 끼쳤다. 아울러 채 총장이 이 사건을 "검찰 흔들기"로 규정함에 따라 검찰 독립 논쟁도 불거졌다.

하지만 채 총장은 법무부 장관이 감찰을 지시한 직후 사의를 표명했다. 법무부 감찰에 대해 논란이 일자 청와대는 '진상조사 후 사표 수리 결정' 방침을 밝혔고 법무부는 감찰의 전 단계인 진상조사에 들어갔다. 이후 법무부는 "의혹이 사실이라고 볼 만한 정황을 다수 확보했다"는 진상조사 결과를 발표하면서 청와대에 채 총장의 사표 수리를 건의했다. 9월 28일 청와대는 채 총장의 사표를 수리했다.

2기는 채 총장의 사표가 수리된 다음날인 2013년 9월 29일부터 11월 25일까지다. 9월 29일 검찰은 시민단체로부터 개인정보 유출 혐의로 고발당한 조선일보 기자와 곽상도 전 청와대 민정수석비서관에 대한 수사에 착수했다. 이 사건은 서울중앙지방검찰청 형사3부에 배당됐다. 9월 30일 오전 채 총장은 대검찰청 청사에서 퇴임식을 했다. 그 직전 "소송 진행에 따른 가족의 고통을 감당하기 힘들다"라는 이유로 조선일보에 대한 정정보도 청구소송을 취하했다.

하지만 바로 이날 오후 임씨 집 가정부를 지냈다는 이모 씨의 폭로로 혼외자 진실공방은 새로운 국면을 맞았다. 이씨는 TV조선 인터뷰를 통해 채 전 총장과 임씨의 '내연관계'를 폭로하면서 혼외자의 존재를 구체적으로 증언했다. 많은 언론이 TV조선 보도를 인용 보도했다. 임씨 집에서 채 전 총장에게 밥상까지 차려줬고 채 전 총장과 임씨, 아이가 함께 찍은 사진도 봤다는 이씨의 증언은 워낙 생생해서 조선일보 보도가 사실일 것이라는 분위기가 조성됐다. 이로써 채 전 총장의 결백 주장은 흔들리기 시작했다. 이 같은 변화는 언론의 보도 프레임에도 영향을 끼쳤다. 이씨는 또 임씨에게 6500만 원을 빌려줬는데 임씨가 동원한 건달들로부터 협박을 받고 1000만 원밖에 돌려받지 못했으며 채 전 총장의 혼외자 존재에 대해 발설하지 말 것을 강요받았다고 주장했다. 이씨의 폭로 이후 한 시민의 진정에 따라 임씨의 공갈·협박 혐의에 대한 검찰 수사가 시작됐다. 이 사건은 서울중앙지검 형사6부가 맡았다.

3기는 개인정보 유출에 서울 서초구청이 관련됐다는 검찰 수사 내용이 알려진 2013년 11월 26일부터 채 전 총장 측과 임씨 간 금전거래 사실이 확인되기 직전인 2014년 2월 4일까지다.

3기에서는 채 전 총장의 혼외자로 추정된 채모 군의 개인정보가 유출된 것과 관련해 국가기관의 불법 사찰 논란이 뜨거웠다. 그 출발점은 서울 서초구청에 대한 검찰의 압수수색이었다. 2013년 11월 26일 검찰은 채군의 신상 정보가 서초구청에서 불법 유출된 정황을 확인하고 11월 20일 서초구청을 압수수색했다고 밝혔다. 이날 이후 언론의 보도 초점은 개인정보 불법 유출로 옮겨졌다.

검찰에 따르면 서초구청에서 채군의 개인정보가 유출된 시점은 조선일보 보도 3개월 전인 2013년 6월. 채 전 총장이 국정원의 대선 개입 의혹 사건과 관련해 원세훈 전 국정원장의 공직선거법 위반 혐의 적용을 두고 법무부와 충돌하던 무렵이었다.

개인정보 유출에 관련된 조이제 서초구청 행정지원국장은 원세훈 전 국정원장의 서울시 인맥으로 원 전 원장을 따라 행정안전부와 국정원에서 근무한 경력이 있어 국정원 개입 의혹을 부채질했다. 게다가 조 국장에게 채군의 신상 정보에 대한 확인을 부탁한 사람은 청와대 총무비서관실 조오영 행정관임이 밝혀졌다. 검찰 수사 결과 조 국장은 6월 초 조 행정관의 부탁을 받고 채군의 가족관계등록부를 조회한 것으로 드러났다.

이에 대해 청와대는 조 행정관이 안전행정부 김모 국장의 부탁을 받고 저지른 '개인적 일탈'이라며 선을 그었다. 안전행정부 김 국장은 2012년 10월부터 2013년 5월까지 청와대 민정수석실 산하 공직기강비서관실에서 선임행정관으로 근무했다. 조 행정관의 직속상관은 박근혜 대통령의 측근인 이재만 총무비서관이고, 김 국장은 '채동욱 찍어내기'에 앞장섰다는 의심을 받은 곽상도 전 청와대 민정수석 밑에서 일했다. 곽 전 수석은 검찰의 국정원 댓글사건 수사 및 기소 과정에 채 전 총장과 갈등을 빚은 것으로 알려졌다.

이처럼 청와대 개입 의혹이 제기됐지만 청와대 조 행정관과 서초구 조 국장에 대한 구속영장이 기각되면서 '윗선'을 밝히려는 검찰 수사는 벽에 부딪혔다. 해가 바뀌어 2014년 1월 초엔 국정원 정보관 송모 씨가 2013년 6월 유영환 강남교육지원청 교육장에게 학교생활기록부에 적힌 채군 관련 정보를 요청한 사실이 드러났다. 이후 송씨가 서초구청을 통해서도 채군의 가족관계등록부 정보를 수집한 사실이 추가로 확인됐다. 하지만 관련자들의 진술이 엇갈리고 청와대 관련 수사가 막히면서 검찰은 별다른 성과를 내지 못했다.[75]

한편 서울중앙지검 형사6부는 임씨의 비리를 조사하는 과정에 임씨가 주변 사람들로부터 사건을 청탁 받고 금품을 받았다는 변호사법 위반 혐의를 잡고 수사를 확대됐다. 조선일보를 비롯한 일부 언론은 임씨 자택을 압수수색한 수사팀이 채 전 총장과 임씨 모자母子가 함께 찍은 사진을 확보했다고 보도했다.

4기는 채 전 총장의 고등학교 동창 이모 씨가 임씨에게 거액을 송금했다는 사실이 확인된 2014년 2월 5일부터 검찰이 수사결과를 발표한 직후인 5월 9일까지다.[76]

2014년 2월 6일 조선일보를 비롯한 상당수 언론은 채 전 총장의 고교 동창이자 삼성 계열사의 전 임원인 이씨가 임씨의 아들 채

[75] 안전행정부 김모 국장은 청와대 조이영 행정관의 주장에 대해 "전혀 그런 사실이 없다"고 부인했다. 검찰에 따르면 조 행정관은 이후 여러 차례 진술을 바꾸며 '윗선'을 캐려는 검찰 수사에 혼선을 빚게 했다.

[76] 수사결과 발표일은 5월 7일이지만, 관련 보도가 9일까지 이어진 점을 고려했다.

군 계좌로 1억2000만 원을 송금한 사실이 확인됐다고 보도했다. 검찰에 따르면 송금 시점은 2010년 임씨가 당시 대전고검장이던 채 전 총장의 집무실을 찾아가 소란을 피운 직후였다.

이어 2013년 8월 이씨가 채군 계좌로 8000만 원을 추가로 보낸 사실이 드러났다. 채군이 미국 유학을 떠나기 직전이었다. 이에 따라 이씨가 채 전 총장의 스폰서 노릇을 하며 채 전 총장 대신 임씨에게 돈을 건넨 것이 아니냐는 의혹이 제기됐다.

2월 24일엔 서울중앙지검 형사6부 수사팀이 서울의 한 병원을 압수수색해 임씨의 출산 관련 서류 중 채 전 총장의 서명이 담긴 것으로 보이는 '보호자 동의서'를 확보했다는 보도가 나왔다. 3월 25일엔 이씨가 임씨에게 보낸 돈의 출처가 삼성 계열사인 F사의 공금이라는 사실이 드러났다. 아울러 삼성이 이씨에 대해 회사 돈 17억 원을 횡령한 혐의로 검찰 수사를 의뢰한 사실도 밝혀졌다.

채동욱 전 검찰총장 혼외자 의혹 사건일지

시기	날짜	주요 사건
1기 2013. 9.6~ 9.28	9월 6일	조선일보, 채동욱 검찰총장 혼외자 의혹 보도
	9월 11일	'내연녀' 임 여인 편지 내용 공개, 혼외자 존재 부인
	9월 13일	법무부 장관 감찰 지시, 채 총장 사의 표명
	9월 27일	법무부 진상조사 결과 발표, 청와대에 사표 수리 건의
	9월 28일	청와대, 채 총장 사표 수리
2기 2013. 9.29~ 11.25	9월 29일	검찰, 불법 개인정보 유출 의혹 시민단체 고발사건 수사 착수
	9월 30일	채 총장 퇴임식, 임 여인 전 가정부 이모 씨 TV조선 인터뷰
	10월 초	검찰, 임 여인의 가정부 폭행 · 협박 진정 사건 수사 착수
3기 2013. 11.26~ 2014. 2.4	11월 26일	혼외자 정보 유출 혐의 서초구청 압수수색 사실 확인
	12월 2일	청와대 총무비서관실 조오영 행정관 연루 확인
	12월 6일	임 여인 공갈 · 협박 혐의 검찰 소환조사 확인
	12월 17일	청와대 조오영 행정관 · 서초구청 조이제 국장 구속영장 기각
	1월 5일	국정원 직원 혼외자 정보 유출 개입 확인
	1월 23일	검찰, 채동욱 · 임여인 모자 함께 찍은 사진 확보
4기 2014. 2.5~ 5.9	2월 5일	채동욱 고교동창 이모씨, '혼외자' 채모 군 계좌 송금 확인
	2월 24일	임 여인 출산 서류에서 채동욱 필체 '보호자 동의서' 확인
	3월 24일	청와대 4개 비서관실 2013년 6월 '혼외자' 정보 수집 확인
	4월 18일	채동욱 고교동창 이씨, 공금횡령 혐의로 구속
	5월 7일	검찰, 수사결과 발표

　　그 무렵 개인정보 유출 혐의를 수사하던 서울중앙지검 형사3부
수사팀은 청와대가 이 사건에 전방위로 개입한 정황을 포착했다. 검

찰에 따르면 2014년 6월 청와대 총무비서관실을 비롯해 교육문화수석실과 고용복지수석실, 민정수석실에서 거의 동시다발적으로 채 전 총장의 혼외자 관련 정보를 수집했다.

이미 밝혀진 바지만 총무비서관실에선 조오영 행정관이 조이제 서초구 행정지원국장에게 채군의 가족관계등록부 정보를 요청해 받아냈다. 교육문화수석실은 유영환 서울 강남교육지원청 교육장에게 채군의 초등학교 학적부 조회를 부탁했다. 고용복지수석실은 국민건강보험공단을 통해 임씨의 주소지와 가족관계를 파악했던 것으로 드러났다. 비슷한 시기 민정수석실에 파견 근무 중이던 경찰관 김모 경정은 일선 경찰서 직원을 동원해 채군 관련 정보를 수집했다.

하지만 이에 대한 검찰 수사는 더 나아가지 못했다. 청와대는 여러 비서관실에서 이 사건에 개입한 데 대해 "공직자의 비위 첩보에 대한 감찰 활동이었다"고 해명했고, 검찰은 관련자들에 대해 소환 조사도 못한 채 수사 마무리 수순에 들어갔다. 그리고 4월 17일 채 전 총장의 고교 동창인 이씨가 공금 횡령 혐의로 구속되면서 혼외자 사건의 초점은 채 전 총장의 개인비리 의혹으로 옮겨졌다.

5월 7일 검찰은 이 사건의 두 축인 혼외자 의혹과 청와대 사찰 의혹에 대한 수사 결과를 발표했다. 검찰은 혼외자 의혹은 사실이라고 밝힌 반면 채군 모자의 개인정보를 불법으로 조회한 청와대 4개 비서관실 관계자들에 대해선 "정당한 감찰 활동"이라며 무혐의 처분을 내렸다. 이에 대해 상당수 언론이 '면죄부 수사'라고 비판했다.

3. 분석 방법: 양적 분석과 질적 분석

본 연구에서는 양적 분석내용 분석과 질적 분석프레임 분석을 병행했다. 양적 분석은 분량이나 빈도와 같은 양적 지표를 통계적으로 처리하는 방식이다. 내용 분석은 텍스트에 담긴 메시지의 특성, 의도, 구조 등을 객관적인 유목과 단위에 의거하여 분석하는 기법이다.[77] 커린저 Kerlinger에 따르면 내용 분석은 체계적이고 객관적이고 수량적이어야 한다.[78]

이 책의 양적 분석 유목은 조선일보, 서울신문, 한겨레 세 신문의 보도 건수와 기사 유형, 시기별·이슈별 기사 빈도 등이다. 기사 유형은 전통적인 분류방식에 따라 스트레이트, 분석·해설, 사설, 칼럼·기고, 인터뷰 등 5가지로 나눴다. 형식이 스트레이트라도 사건의 의미나 배경을 설명하거나 특정 메시지 전달 목적이 뚜렷하면 해설·분석 기사로 분류했다. '기자수첩'이나 '기자의 눈'은 칼럼으로 분류

---

77 한국교육평가학회, 『교육평가용어사전』, 학지사, 2004, pp.63~64.

78 Wimmer, R. D. & Dominick, J. R., 『Mass Media Research; An Introduction』, 8th Edition, Wadsworth: Cengage Learning, 2009. 유재천·김동규 옮김, 『매스미디어 연구방법론』, Cengage Learning Korea, 2009, pp.170~171.

했다. 전체 기간을 주요 사건에 따라 4구간으로 나눴다. 아울러 사건 흐름의 변곡점인 주요 이슈 7가지를 선정하고 그에 대한 기사 빈도와 프레임 분포를 살펴봤다.

질적인 분석은 텍스트의 주제와 의미를 심층적으로 연구해 일정한 틀로 분류하는 방식이다. 질적 연구에서는 자료수집 과정에서부터 분석이 이뤄지며 이런 분석 작업은 프로젝트 전반에 걸쳐 계속된다. 어떤 주제와 관련된 자료를 모으고 그 자료를 적당하면서도 의미 있는 범주별로 구분한다.[79]

이 책에선 질적인 분석으로 프레임 분석을 시도했다. 일반적으로 프레임 분석에는 연역적 방식과 귀납적 방식이 있다. 연역적 방식은 사전에 정의된 정형화된 틀을 들이대 해당 보도에서 그 프레임이 얼마나 나타났는지를 알아내는 것이다. 귀납적 방식은 일정한 분류 기준에 따르지 않고 개방된 관점에서 도출 가능한 모든 프레임을 제시하는 것이다. 귀납적 방식은 연역적 방식에 비해 분석하는 데 상당한 시간이 걸리고 연구결과를 반복해야 한다는 어려움이 있지만 연구대상이 되는 사회적 이슈에 대해 다양한 프레임을 파악할 수 있다는 장점이 있다.[80]

본 연구에서는 연역적 방식과 귀납적 방식을 혼용했다. 먼저 모

[79] 유재천·김동규, 앞의 책, p.135.

[80] 강내원, "사회갈등 보도 기사의 비판적 읽기: 언론의 새만금 간척사업과 프레이밍에 대한 갈루아 래터스 분석", 『한국언론학보』, 46권 3호, 2002년 여름, p.12.

든 기사를 여러 차례 정독한 후 기존 연구자들이 제시한 프레임이 얼마나 나타났는지를 살펴봤다. 이어 기존 연구에 사용된 프레임 중 본 연구의 대상이 된 기사들을 분류하기에 적합한 몇 가지를 선정했다. 여기에 필자가 창안한 프레임을 추가했다.

이렇게 해서 선정한 1차 프레임을 2차 프레임으로 세분했다. 2차 프레임은 대립적인 두 가지 개념으로 구성했다. 이어 모든 분석 대상 기사를 1, 2차 프레임에 맞게 분류해 질적 분석을 하면서 양적 분석도 곁들였다.

4. 프레임 유형: 6가지 프레임

필자는 분석 대상 기사를 사건공시, 문제정의, 원인진단, 진상규명, 갈등, 언론윤리 6가지 프레임으로 분류했다.

사건공시 프레임은 『국정원 여직원 사건에 대한 뉴스 프레임 비교 연구』,[81] 『교과서 논란 신문 보도에 대한 프레임 연구』[82] 등에서 선보였다. 일찍이 엔트만이 규정한 문제정의 프레임과 원인진단 프레임은 "언론의 정치 성향과 프레임: '이해찬 골프'와 '최연희 성추

81 이승수. 앞의 글.
82 박미선. 앞의 글.

행'사건의 보도를 중심으로"[83]에서 활용된 바 있다. 진상규명 프레임은 『국정원 여직원 사건에 대한 뉴스 프레임 비교 연구』[84]에서 찾아볼 수 있다.

세멧코와 밸켄버그가 제시한 갈등 프레임은 "참여정부의 언론정책에 관한 뉴스프레임 연구: '취재지원 시스템 선진화방안' 보도 분석을 중심으로"[85], 『갈등이슈에 대한 한국 TV 뉴스의 프레임 연구: '미국산 쇠고기 수입파동' 관련 방송보도를 중심으로』[86], 『교과서 논란 신문 보도에 대한 프레임 연구』[87] 등에서 활용했다. 언론윤리 프레임은 채동욱 전 검찰총장 혼외자 의혹 보도를 둘러싼 언론 간 윤리 논쟁에 주목해 필자가 창안한 것이다.

기사 한 건에 하나의 프레임을 추출했다. 한 기사에 여러 개의 프레임이 나타난 경우에도 기사 제목과 기사의 핵심 메시지가 무엇인지를 따져 하나의 프레임으로 분류했다. 예컨대 사건공시 형식을 취하면서도 제목이나 본문에서 문제정의 성격을 띠거나 진상규명 의지를 드러낸 기사는 각각 문제정의 프레임, 진상규명 프레임으로 분류했다. 이런 방식으로 본 연구에서 추출한 6가지 프레임을 설명하면

83 김정아 · 채백, 앞의 글.

84 이승수, 앞의 글.

85 김춘식 · 이영화, "참여정부의 언론정책에 관한 뉴스프레임 연구: '취재지원 시스템 선진화방안' 보도 분석을 중심으로", 『한국언론학보』, 52권 2호, 2008.4, pp.303~327.

86 이승기, "갈등이슈에 대한 한국 TV 뉴스의 프레임 연구: '미국산 쇠고기 수입파동' 관련 방송보도를 중심으로", 성균관대학교 대학원, 석사학위논문, 2009.

87 박미선, 앞의 글.

다음과 같다.

① 사건공시 프레임

무슨 일이 일어났는지를 알려주는 프레임이다. 기사 유형으로는 스트레이트가 많다. 사실 보도에 치중하며 사건에 대한 해석이나 분석은 배제한다. 본 연구에서 사건공시 프레임으로 분류된 기사에서는 검찰이나 청와대, 여야 정치권, 당사자인 채동욱 전 검찰총장을 주어로 해서 '확인했다' '알려졌다' '조사했다' '수사했다' '밝혀졌다' '말했다' 따위의 술어가 자주 사용됐다.

② 문제정의 프레임

사건의 본질을 어떻게 규정했는지를 보여주는 프레임이다. 채 전 총장의 혼외자 의혹에 대해 '도덕성'이라는 시각과 '정치공작' '사생활'이라는 시각이 대립한다. '도덕성' 프레임을 사용한 기사에서는 '품위' '은폐' '거짓말' '검증' 등의 표현이 발견된다. '정치공작' 프레임 기사에서는 '국정원' '청와대' '법무부' '시나리오' 등의 용어가 반복적으로 사용됐다. '사생활' 프레임 기사에서는 '미혼모' '희생양'이라는 표현이 나온다.

1차 프레임	2차 프레임	주제어
사건공시	조사, 수사, 확인, 폭로	정정보도 청구, 사퇴, 고소·고발, 감찰, 진상조사, 병원, 사진, 송금
문제정의	도덕성, 알 권리	품위, 은폐, 거짓말, 검증
	정치공작, 사생활	국정원, 청와대, 시나리오, 미혼모, 희생양
원인진단	개인 비리	외도, 불륜, 재산신고
	검찰 흔들기	보복, 찍어내기, 독립성, 중립성, 장악
진상규명	친자(親子), 금전거래	유전자, 학적부, 편지, 혈액형, 계좌
	사찰(査察), 개인정보	배후, 윗선, 표적, 가족관계등록부
갈등	정치권·법조계 공방	비호, 법질서, 사적인 일
		합작, 음모, 몰아내기
언론윤리	본령(本領), 용기	사실 취재, 음모론
	정도(正道), 인권	언론권력, 권언(勸言)유착, 언론공작

③ 원인진단 프레임

사건 발생의 원인이 무엇인지를 밝히는 프레임이다. 혼외자 의혹이 불거진 원인에 대한 언론 보도는 채 전 총장의 '개인 비리' 대 '검찰 흔들기' 프레임으로 갈라졌다. '개인 비리' 프레임 기사에는 '외도' '불륜' 따위가, '검찰 흔들기' 프레임 기사에는 '보복' '찍어내기' '독립성' '중립성' 따위의 용어가 자주 등장한다.

④ 진상규명 프레임

사건의 시시비비를 가리는 프레임이다. 채 전 총장의 혼외자 의혹을 제기한 매체에선 친자 확인 프레임을 사용해 유전자 검사로 진실을 가릴 것을 강조하면서 두 사람 사이의 금전거래 의혹에 깊은 관심을 보였다. 반면 혼외자 의혹 제기에 부정적인 매체에선 사찰 프레임을 사용해 불법 개인정보 유출의 진상을 밝히는 데 집중했다. 전자의 경우 '혈액형' '학적부' '편지' '계좌' 등에 큰 의미를 둔다. 후자의 기사에서는 '배후' '윗선' '뒷조사' '가족관계등록부' 등의 용어가 자주 발견된다.

⑤ 갈등 프레임

사건의 본질이나 원인과 상관없이 이해관계가 다른 집단 사이의 견해 차이를 보여준다. 채 전 총장 사건에 대해 정치권은 극명하게 엇갈린 시각을 드러냈다. 청와대와 여당은 '사적인 일'로 규정하며 채 전 총장 사퇴를 '법질서'와 관련된 문제로 간주했다. 또한 야당이 이를 '정쟁政爭의 도구'로 삼는다고 비난했다. 이와 관련된 기사에선 '비호' '법질서'라는 표현이 등장한다. 반대로 야당은 '검찰 길들이기' '총장 몰아내기'로 간주하며 여권을 성토했다. '합작' '음모' 따위의 용어가 빈번했다. 검찰과 법조계 안팎에서도 비슷한 공방이 벌어졌다.

⑥ 언론윤리 프레임

채 전 총장 혼외자 의혹 사건에 대한 언론 간 논쟁은 언론윤리의 논쟁이기도 했다. 이는 사실fact 논쟁과는 다른 차원에서 언론이 대중을 상대로 도덕적 정당성을 확보하는 싸움이기도 하다. 처음 이 문제를 제기한 언론사는 '본령本領' '용기' 프레임으로 자사의 논조를 정당화했다. 이와 대립적 관계인 언론사는 '정도正道'를 강조하며 '인권 유린' '권언勸言유착' 프레임으로 상대 언론사를 비난했다. 전자는 '사실 취재'를 앞세우면서 자사의 보도가 국가기관의 공작과 관련됐다는 의혹을 '음모론'으로 치부했다. 후자는 '언론권력'이니 '언론공작'이니 하는 표현으로 전자를 공격했다.

WHICH
SIDE
ARE YOU
ON?

프레임전쟁

– 세 가지 시선

WHICH
SIDE
ARE YOU
ON?

프레임전쟁

─ 세 가지 시선

1. 언론사별 기사 유형

언론사별 기사 유형을 분석한 결과 스트레이트, 해설·분석, 칼럼·기고, 사설, 인터뷰, 다섯 가지 유형 중 스트레이트가 가장 많은 것으로 드러났다. 스트레이트는 전체 329건 중 150건으로 절반에 가까운 비중(45.6%)을 차지했다. 이어 해설·분석 110건(33.5%), 칼럼·기고 34건(10.3%), 사설 31건(9.4%), 인터뷰 4건(1.2%) 순이었다.

현상과 사건 발생을 건조하게 기술하는 스트레이트는 언론 기사 중 가장 보편적인 것으로 일반 기사에서도 가장 높은 비중을 차지한다. 사건 기사의 경우엔 더욱 그렇다. 큰 사건일수록 그런 경향이 있다. 그런 점에 비춰 채동욱 전 검찰총장의 혼외자 의혹을 다룬 기사 중 스트레이트가 가장 많고 그 다음이 해설·분석이라는 사실은 당연한 현상이라 하겠다.

언론사별로 살펴보면, 조선일보는 총 84건 중 스트레이트 45건, 해설·분석 22건, 칼럼·기고 8건, 사설 7건, 인터뷰 2건이다. 서울신문은 86건의 기사 중 스트레이트 50건, 해설·분석 22건, 칼럼·기고 6건, 사설 8건이고, 인터뷰는 없다. 한겨레는 전체 159건 중 스트레이트 55건, 해설·분석 66건, 칼럼·기고 20건, 사설 16건, 인터뷰 2건이다.

흥미로운 것은 조선일보의 경우 스트레이트 비중이 가장 높은 반면 한겨레는 해설·분석 기사의 비중이 스트레이트보다 높다는 점이다. 수치로 살펴보면, 조선일보는 전체 기사에서 스트레이트가 차지하는 비중이 53.6%, 해설·분석의 비중이 26.2%다. 서울신문의 경우 스트레이트(58.1%)와 해설·분석(25.6%)의 비중이 조선일보와 비슷하다. 서울신문이 이 사건에 대한 논조와 별개로 형식적으로는 객관보도의 틀을 유지했음을 보여준다.

이에 비해 한겨레는 스트레이트 34.6%, 해설·분석이 41.5%에 달한다. 이는 조선일보와 서울신문이 사건 내용을 건조하게 알리는 객관적 보도에 주력한 데 비해 한겨레는 주관적 보도, 즉 사건에 대한 해설과 분석에 많은 지면을 할애했음을 뜻한다.

이런 경향은 칼럼과 기고 분량에서도 나타난다. 조선일보의 경우 스트레이트에 대한 칼럼·기고의 비율이 5.6대 1(45대 8)인데 비해 한겨레는 2.7대 1(55대 20)로 매우 높게 나타났다. 서울신문은 가장 낮은 8.3대 1(50대 6)의 비율이었다.

칼럼·기고에서 또 하나 흥미로운 현상은 필진의 분포다. 조선일보는 총 8건 중 외부 필자의 기사가 한 건에 지나지 않는다. 반면 한겨레는 외부 필자와 내부 필자의 기사가 각각 10건으로 같은 비중을 차지한다. 조선일보는 혼외자 의혹 보도의 정당성을 내부 논리로 끌고 간 반면 한겨레는 혼외자 의혹 보도의 부당성을 비판하기 위해 외부 필진을 적극 동원했다고 해석할 수 있다. 서울신문은 스트레이트 비중과 마찬가지로 칼럼·기고 필자 분포에서도 조선일보와 비슷한 양태를 보였다. 총 6건 중 한 건만이 외부 필자의 글이었다.

매체의 정체성을 가장 잘 드러내는 사설의 비중은 조선일보 7건(8.3%), 서울신문 8건(9.3%), 한겨레 16건(10.0%)으로 큰 차이가 나지 않았다.

인터뷰 기사는 조선일보와 한겨레가 각 2건씩(2.4%, 1.3%)이고 서울신문은 한 건도 없다. 조선일보의 경우 한 건은 진상조사 결과를 발표한 법무부 대변인과의 일문일답 형식으로 혼외자 의혹이 사실일 것이라는 인상을 풍긴다. 다른 한 건은 채 전 총장을 뒷조사하고 조선일보에 관련 정보를 흘렸다는 의심을 받은 곽상도 전 청와대 민정수석이 인터뷰를 통해 관련 의혹을 부인하는 내용이다. 두 인터뷰 기사 모두 제3자의 입을 빌려 채 전 총장의 혼외자 의혹을 주도한 자사 보도에 아무런 문제가 없음을 강조한 셈이다.

한겨레의 인터뷰 기사는 이와 대척점에 있다. 첫 번째 인터뷰 대상자는 이종찬 전 국정원장이다. 이 기사의 제목은 "'채동욱 정보' 의도적으로 활용했다면 책임자 처벌받아야"다. 전직 국정원장의 입을 빌려 채동욱 전 총장 혼외자 의혹이 언론 보도를 통해 불거진 과정의 적법성을 따진 것이다.

두 번째 기사는 조이제 서초구청 행정지원국장과의 인터뷰다. 조 국장은 이 인터뷰에서 채 전 총장 혼외자 의혹과 관련해 청와대 총무비서관실 조오영 행정관의 요청으로 관련 개인정보를 유출한 사실을 시인하면서 '문자메시지'를 증거로 내세웠다. 이 기사의 제목은 "문자가 확실한 증거… 내 선에서 마무리되면 안 돼"이다. 두 기사 다 개인의 신상정보가 유출되는 데 국가기관이 불법적으로 개입한 데 대한 비판인 셈이다.

언론사별 기사 유형

매체	기사 유형					합계
	스트레이트	분석 해설	칼럼기고	사설	인터뷰	
조선일보	45 (53.6%)	22 (26.2%)	8 (9.5%)	7 (8.3%)	2 (2.4%)	84 (100%)
서울신문	50 (58.1%)	22 (25.6%)	6 (7.0%)	8 (9.3%)	0	86 (100%)
한겨레	55 (34.6%)	66 (41.5%)	20 (12.6%)	16 (10.0%)	2 (1.3%)	159 (100%)
합계	150 (45.6%	110 (33.5%)	34 (10.3%)	31 (9.4%)	4 (1.2%)	329 (100%)

2. 시기별 기사 빈도

채동욱 전 검찰총장 혼외자 의혹에 대한 언론 보도 기간을 주요 사건의 발생과 종료 시점에 따라 4기로 구분했다.

1기는 조선일보가 채 전 총장 혼외자 의혹을 처음 보도한 2013년 9월 6일부터 청와대가 채 전 총장의 사표를 수리한 2013년 9월 28일까지다. 2기는 2013년 9월 29일부터 서초구청이 혼외자로 추정되는 채모 군의 개인정보를 유출한 혐의로 압수수색을 받은 사실이 알려지기 직전인 2013년 11월 25일까지다. 이 시기엔 채군의 어머니 임씨집 가정부를 지낸 이모 씨의 폭로TV조선 인터뷰가 눈길을 끌었다.

3기는 서초구청에 대한 수사 내용이 알려진 2013년 11월 26일부터 채 전 총장 측과 임씨의 금전거래 의혹이 불거지기 직전인 2014년 2월 4일까지다. 4기는 채 전 총장의 고교 동창으로 삼성 계열사 전 임원인 이모 씨가 임씨에게 거액을 송금했다는 사실이 확인된 2014년 2월 5일부터 이 사건에 대한 검찰 수사결과가 발표된 직후인 5월 9일까지다. 이 시기엔 조선일보 보도 3개월 전인 2013년 6월 청와대 4개 비서관실이 동시다발적으로 채 전 총장의 혼외자 관련 정보 수집에 나선 사실이 드러나기도 했다.

전 구간을 통해 기사 수가 가장 많았던 신문은 한겨레(159건, 48.3%)로, 세 신문 전체 기사의 거의 절반을 차지했다. 그 다음이 서울신문(86건, 26.1%), 조선일보(84건, 25.6%) 순이다.

먼저 한겨레가 최초 문제 제기자인 조선일보의 두 배 가까이 많은 기사를 실은 점이 눈에 띈다. 이 사건을 개인비리가 아닌 국가기관의 정치공작으로 간주한 한겨레가 사건의 이면과 배경을 파헤치는 데 주력했기 때문인 것으로 해석된다.

기간별로 보면, 기사 수가 많았던 구간은 사건 발생 직후 사실 공방이 치열했던 1기(155건, 47.1%)였다. 기사 수로는 한겨레가 가장 많지만, 비율로는 조선일보가 으뜸이었다. 이어 3기(75건, 22.8%), 2기(50건, 15.2%), 4기(49건, 14.9%) 순이었다.

조선일보는 1기 48건(57.2%), 2기 10건(11.9%), 3기 8건(9.5%), 4기 18건(21.4%)이었다. 사건 초기 집중적으로 기사를 내보낸 이후 보도 비중을 크게 낮췄음을 알 수 있다. 이는 조선일보가 이 사건을 개인비리로 규정하고, 한겨레가 주도적으로 제기한 정치공작 의혹에 대해선 별 관심을 보이지 않았음을 뜻한다. 혼외자로 추정된 채모 군의 개인정보 유출에 서초구청과 청와대 행정관이 연루된 사실이 드러난 3기의 기사 수가 서울신문이나 한겨레에 비해 확연히 적은 것만 봐도 그렇다.

시기별 기사 빈도

시기 매체	1기 (2013. 9.6~9.28)	2기 (2013. 9.29~11.25)	3기 (2013. 11.26~ 2014.2.4)	4기 (2014. 2.5~5.9)	합계
조선일보	48 (57.2%)	10 (11.9%)	8 (9.5%)	18 (21.4%)	84 (25.6%)
서울신문	38 (44.2%)	14 (16.3%)	28 (32.5%)	6 (7.0%)	86 (26.1%)
한겨레	69 (43.4%)	26 (16.4%)	39 (24.5%)	25 (15.7%)	159 (48.3%)
합계	155(47.1%)	50(15.2%)	75(22.8%)	49(14.9%)	329 (100%)

4기에 다시 조선일보 기사가 증가한 것은 채 전 총장 측과 내연 녀로 지목된 임씨 사이의 금전거래 사실이 확인되고, 임씨의 산부인 과병원 출산 기록에서 채 전 총장의 필체로 보이는 '보호자 동의서' 서명이 발견되는 등 혼외자 의혹을 뒷받침하는 정황증거가 다수 포 착됐기 때문이다. 조선일보 보도 내용이 맞다는 검찰의 수사결과도 보도량 증가에 영향을 끼쳤다.

서울신문도 1기(38건, 44.2%)에 기사가 몰렸다. 채 전 총장이 퇴 임하고 임씨 집 가정부 이씨의 폭로가 있었던 2기(14건, 16.3%)에선 감소했다가 개인정보 유출 경로가 드러난 3기(28건, 32.5%)에 기사 수가 다시 늘었다. 마지막 4기에선 6건(7.0%)으로 급감했다.

정치이념상 보수나 진보로 분류하기 힘든 서울신문이 국가기관 의 불법 사찰 의혹과 관련해 많은 기사를 내보낸 것은 시사하는 바 크다. 사건 초기 조선일보와 한겨레를 제외한 대부분의 언론은 양비

론적 태도를 취했는데, 혼외자 의혹 못지않게 청와대, 국정원 등 국가기관 개입 의혹에 깊은 관심을 나타냈다. 심지어 조선일보와 정치적 이념이 비슷한 보수언론으로 평가받는 동아일보조차 이 문제를 적극 보도해 눈길을 끌었다.

한겨레도 1기(69건, 43.4%)에 기사 수가 가장 많았다. 서울신문 패턴과 비슷하게 2기(26건, 16.4%)에 줄었다가 3기(39건, 24.5%)에 증가하고 4기(25건, 15.7%)에 다시 줄어드는 양상을 나타냈다. 3기에 기사가 증가한 것은 불법 사찰 및 개인정보 유출 이슈를 한겨레가 주도했기 때문이다. 4기에서는 채 전 총장과 임씨 간의 금전거래 사실을 다루면서도 청와대 4개 비서관실이 조선일보가 최초 보도하기 3개월 전에 이미 채 전 총장의 혼외자 의혹에 대해 조사했던 사실을 더 비중 있게 보도했다.

시기별 기사 빈도

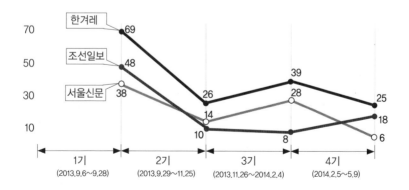

3. 언론사별 프레임 차이

채동욱 전 검찰총장 혼외자 의혹에 대한 언론 보도 프레임은 사건 공시, 문제정의, 원인진단, 진상규명, 갈등, 언론윤리 6가지다. 이 중 가장 높은 빈도를 보인 것은 사건공시 프레임이다. 전체 기사 329건 중 116건(35.3%)에서 이 프레임이 발견됐다. 이어 진상규명 73건 (22.2%), 문제정의 51건(15.5%), 원인진단 35건(10.6%), 갈등 30건 (9.1%), 언론윤리 24건(7.3%) 순이었다.

6가지 프레임 중 문제정의, 원인진단, 진상규명, 언론윤리 프레임 은 2차 프레임으로 세분해 빈도를 살펴봤다. 객관적 사실을 알리는 사건공시는 2차 프레임 구분이 무의미했다. 갈등 프레임도 마찬가 지다. 정치권 공방을 다룬 것이라 한 기사 안에 2차 프레임의 대립적 두 개념이 동시에 나타나기 때문이다.

언론사별 보도 프레임을 구체적으로 살펴보면 다음과 같다. 예 시한 기사 끝에 있는 괄호 안 내용은 게재일과 제목이다.

1) 사건공시 프레임

사건공시 프레임의 비율이 가장 높은 신문은 서울신문이었다. 86건 중 40건(46.5%)으로 전체의 절반 가까이 됐다. 조선일보는 84건 중 32건(38.1%), 한겨레는 159건 중 44건(27.7%)이었다. 사건공시 프레임은 사건의 발생을 알리는 객관적 보도의 틀이다. 이 점에 비춰보면 서울신문이 가장 객관적 보도 형태를 띠었으며 한겨레는 주관성이 강한 기사를 많이 실었다는 해석이 가능하다.

조선일보의 초기 보도를 보면 사실관계에 대한 확신 없이는 쓸 수 없는 "드러났다" "밝혀졌다" 따위의 단정적 표현이 눈에 띈다. 또한 사실이라고 단정하긴 어렵지만 사실로 추정되는 경우 언론이 즐겨 사용하는 "알려졌다"라는 표현이 몇 차례 등장한다.

조선일보
채동욱(蔡東旭·54) 검찰총장이 혼외(婚外) 관계로 얻은 아들 채모(11) 군이 올해 7월 말까지 다닌 서울 시내 사립 초등학교의 기록에는 채군의 아버지 이름이 '채동욱'으로 돼 있었던 것으로 드러났다. 이런 사실은 채군 학교의 여러 관계자가 본지에 증언하면서 밝혀졌다.
(2013년 9월 9일, [단독] 蔡총장 婚外아들 학교 기록에 '아버지 채동욱')

서울신문
서울중앙지검 형사3부(부장 장영수)는 27일 서울 서초구 조이제 행정지원국장이 부하 직원에게 채군 모자의 가족관계등록부를 조회하도록 지시한 사실을 확인했다. 조 국장은 이날 "지인의 부탁을 받고 열람했다"고 시인해 배후 인물이 드러날 경우 파장이 예상된다.
(2013년 11월 28일, 채동욱 혼외아들 의혹 '가족관계부 무단 열람' 파문 확산)

한겨레
채동욱(55) 전 검찰총장의 혼외 아들 의혹이 불거지기 석 달 전인 지난해 6월 현직 경찰이 채 전 총장의 혼외 아들로 의심받는 채아무개(12) 군의 개인정보를 조회한 사실이 드러났다.
(2014년 3월 21일, 경찰도 '채동욱 혼외아들 의심' 채군 뒷조사했다)

2) 문제정의 프레임

문제정의 프레임을 가장 많이 활용한 신문은 한겨레다. 전체 159건 중 33건(20.7%)에서 나타났다. 그 다음 서울신문이 86건 중 10건 (11.6%)이고, 조선일보가 84건 중 8건(9.5%)으로 가장 적다.

문제정의 프레임은 사건의 성격을 규정하는 것으로 그 신문의 이념과 정체성, 가치관을 대변한다. 사건공시 형태라도 사건에 대한 주관적 시각이나 해석, 의도를 드러낸다면 문제정의 프레임으로 간주했다. 문제정의 프레임은 다시 도덕성 / 알 권리 vs 정치공작 / 사생활 프레임으로 구분했다. 조선일보의 경우 도덕성 프레임 6건, 알 권리 프레임 2건이 나타났지만, 정치공작 / 사생활 프레임은 한 건도 없었다. 한겨레는 정반대로 도덕성 / 알 권리 프레임은 전혀 나타나지 않았고 정치공작 / 사생활 프레임이 각각 28건, 5건이었다.

서울신문의 프레임은 두 가지가 혼합된 형태였다. 도덕성 프레임이 4건인 데 비해 알 권리 프레임은 전혀 사용하지 않았다. 또 정치공작 프레임 5건, 사생활 프레임 한 건을 사용했다. 사건 초기 서울신문은 혼외자 의혹과 불법 사찰 의혹 양쪽 다 진상을 밝혀야 한다고 주장했으나, 뒤로 가면서 보도의 저울추가 후자 쪽으로 기울었다.

조선일보
① (도덕성 프레임)
그러나 채 총장은 검찰총장 후보자로서 치명적인 결격사유가 될 수 있는 '혼외 자녀'문제를 숨기고, 국민을 속였다는 비판을 피할 수 없

게 됐다.

(2013년 9월 6일, 채동욱 검찰총장 婚外아들 숨겼다)

② (알 권리 프레임)

외국계 로펌의 한 미국 변호사는 "르윈스키 스캔들을 보더라도 알 수 있듯이 미국 등 선진국에서는 고위 공직자 비리에 대한 진실을 확인하기 위해 지극히 개인적인 정보까지 강제로 받아낸다"고 말했다.

(2013년 9월 18일, [채동욱 파문] 蔡총장 "감찰 불응"… 공직자로서 당연한 의무를 거부)

언론사별 프레임 빈도

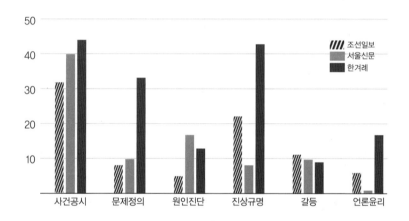

언론사별 프레임 비율

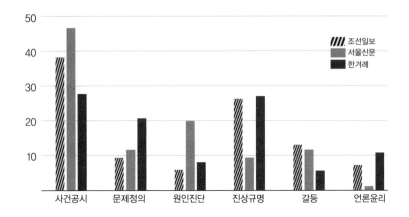

문제정의 프레임

프레임 매체	문제정의 프레임				
	도덕성 프레임	알 권리 프레임	정치공작 프레임	사생활 프레임	합계
조선일보	6	2	0	0	8
서울신문	4	0	5	1	10
한겨레	0	0	28	5	33
합　계	10	2	33	6	51

문제정의 프레임 빈도

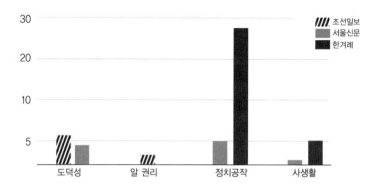

서울신문

① (도덕성 프레임)

채 총장은 자신을 둘러싼 의혹 제기에 떳떳했다면 옷을 벗을 게 아니라 감찰 과정에서 진실 규명에 협조하고 정정당당하게 울분을 토로했어야 했다. 배경이 무엇이든 현직 검찰 수장의 혼외 자식 의혹이 제기된 마당에 정부로선 진위를 철저히 가려야 한다.

(2013년 9월 14일, [사설] 채 총장 혼외자식 논란 진실규명이 해법이다)

② (정치공작 프레임)

청와대와 국가정보원이 채동욱 검찰총장을 불법 사찰하고 혼외아들 의혹 보도에 직접 개입해 파문이 확산되고 있다. 검찰 안팎에서는 채 총장에 대한 불법사찰 의혹의 실체를 규명해야 한다는 목소리가 높아지고 있다.

(2013년 9월 17일, 박지원 "靑, 채동욱 8월 한 달 사찰했다")

한겨레

① (사생활 프레임)

보도 배경에 대해 왈가왈부할 일은 아니다. 다만 이 보도로 말미암아 스스로를 지켜낼 수 없는 여인과 아이가 짊어지고 받아야 하는 고

통과 멍에는 짚고 넘어가지 않을 수 없다. 그것은 어쩌면 혼외 아이의 '사실' 여부보다 더 중요한 문제다.

(2013년 9월 12일, 저 무죄한 어미와 아이의 고통은 어찌할 건가)

② (정치공작 프레임)

청와대의 사표 수리 절차가 남아 있긴 하지만 권력과 언론이 합작한 '채동욱 찍어내기'는 일단 성공하는 모양새다. 그러나 이달 초 〈조선일보〉의 보도에서 시작돼 채 총장이 사표를 내고 법무부가 '진상 규명'을 진행하기까지 박근혜 정권은 상식적으로 이해하기 힘든 무리수를 강행했다.

(2013년 9월 28일, [사설] '채동욱 찍어내기' 권·언 합작에 들러리 선 법무부)

3) 원인진단 프레임

사건의 원인을 짚어보는 원인진단 프레임은 서울신문이 86건 중 17건(19.8%)으로 가장 많고, 한겨레는 159건 중 13건(8.2%), 조선일보는 84건 중 5건(6.0%)이다. 조선일보는 혼외자 의혹 사건의 원인을 '개인 비리'로 규정한 반면 한겨레는 '검찰 흔들기'라고 봤다. 채 전 총장이 국정원 댓글 사건을 수사·기소하는 과정에 청와대, 국정원, 조선일보와 갈등을 빚은 것이 이 사건의 원인이라는 것. 이는 채 전 총장의 시각과 일치하는 것이기도 하다. 서울신문에서도 한겨레와 비슷한 프레임이 많이 나타났다.

2차 프레임 분포를 살펴보면, 조선일보 대 서울신문·한겨레의 대립구도가 뚜렷이 나타났다. 조선일보 기사 5건은 모두 개인비리 프레임이다. 이에 비해 서울신문 17건과 한겨레 13건은 하나같이 검찰 흔들기 프레임이었다.

원인진단 프레임

프레임 매체	원인진단 프레임		
	개인비리 프레임	검찰 흔들기 프레임	합계
조선일보	5	0	5
서울신문	0	17	17
한겨레	0	13	13
합계	5	30	35

조선일보(개인비리 프레임)

그러나 문제의 핵심은 채 총장이 10여 년 전 외도를 해 혼외자를 낳은 사실이 있는지 없는지 둘 중의 하나다. 지금까지 그 사실을 숨기고 공직 생활을 했는지, 혼외자를 기른 비용과 고위 공직자 재산 신고 때 전셋집을 등록하지 않았는지에 대해서도 해명이 필요하다.

(2013년 9월 7일, 〈기자수첩〉 蔡총장 개인 문제가 '검찰 흔들기'라니…)

서울신문(검찰 흔들기 프레임)

이러한 채 총장의 행보는 청와대와 여당 입장에서는 눈엣가시였다는 게 검찰 안팎의 중론이다. 실제 황교안 법무부 장관은 원 전 원장을 선거법 위반 혐의로 구속 기소하는 것은 문제가 있다며 "신중을 기하라"는 부정적인 입장을 밝혀 검찰과 법무부의 갈등설이 불거지기도 했다. 청와대가 곽상도 전 민정수석을 교체한 이유에 대해서도 채 총장을 제대로 통제하지 못했기 때문이라는 관측이 흘러 나왔다.

(2013년 9월 14일, [채동욱 검찰총장 사퇴] 국정원·4대강 등 원칙 수사… '원세훈 처리' 놓고 법무부와 마찰)

한겨레(검찰 흔들기 프레임)

우선, 청와대 등 권력 핵심부가 채 총장을 못마땅해하던 차에 최근의 대선개입 사건 처리를 둘러싸고 청와대 및 국정원과 검찰 사이에 상당한 갈등이 있었던 사실을 주목할 필요가 있다.……채 총장이 최근 조선일보와 껄끄러운 관계였던 것도 이번 보도의 배경으로 거론된다. 지난 6월 14일 국정원 대선개입 사건에 대한 서울중앙지검의 수사 결과 발표 당일 일부 내용이 조선일보에 사전 유출되자 채 총장이 특별감찰을 지시했다. 그 뒤 조선은 채 총장과 검찰에 비판적인 기사와 칼럼을 실어왔다.

(2013년 9월 7일, [사설] '검찰 흔드는 세력'은 누구인가)

원인진단 프레임 빈도

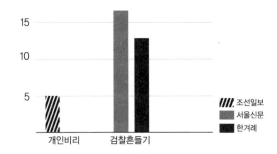

4) 진상규명 프레임

진상규명 프레임

프레임 매체	진상규명 프레임			
	친자(親子) 프레임	금전거래 프레임	사찰 · 개인정보 프레임	합계
조선일보	17	3	2	22
서울신문	1	1	6	8
한겨레	2	1	40	43
합계	20	5	48	73

진상규명 프레임은 사건의 진상을 추적하는 것이다. 이 프레임이 가장 많이 나타난 것은 한겨레로 159건 중 43건(27.0%)이다. 조선일보가 84건 중 22건(26.2%), 서울신문이 86건 중 8건(9.3%)이다.

조선일보가 유전자 검사로 친자 여부를 가릴 것을 강조한 반면, 한겨레는 청와대, 국정원 등 국가기관의 불법 사찰 의혹 및 개인정보 유출의 진실을 밝히는 데 집중했다. 서울신문의 경우 분량이나 강도가 한겨레만큼은 아니지만 시각은 비슷했다.

2차 프레임 빈도를 구체적으로 살펴보면, 조선일보는 친자 / 금전거래 프레임이 각각 17건, 3건으로 나타났다, 사찰·개인정보 프레임은 2건이었다. 이에 비해 한겨레는 사찰·개인정보 프레임이 40건이나 됐고, 친자 / 금전거래 프레임은 각각 2건, 한 건에 그쳤다. 똑같은 진상규명 프레임이지만, '진상'의 개념이 완전히 달랐던 것이다. 서울신문의 경우 친자 / 금전거래 프레임을 각각 한 건 사용했고, 사찰·개인정보 프레임은 6건에서 나타났다.

조선일보
① (친자 프레임)
그나마 현실성이 높은 방법은 채 총장이 적극 나서는 것이다. 채군 모자(母子)를 설득해 채 총장과 함께 검증된 기관에서 유전자 검사를 신속히 진행하면 사실 여부가 금방 판명날 수 있다. 재경지검의 한 중견 검사는 "검찰 내부의 뒤숭숭한 분위기를 바로잡기 위해서라도 총장이 빨리 나서야 한다"고 말했다.
(2013년 9월 10일, 蔡총장 "유전자 검사 용의"… 실현 가능성 불투명)

② (금전거래 프레임)

또 이씨가 1억2000만원을 건넨 2010년은 임씨가 당시 대전고검장이던 채 전 총장을 사무실로 찾아가 비서들 앞에서 "피한다고 될 일이 아니다"라며 소동을 벌인 다음이었다. 8000만원이 오간 작년 8월은 채 전 총장 혼외자라는 채모(12)군이 미국으로 유학을 떠나기 직전이었다. 이씨에게서 건너간 돈이 채 전 총장의 혼외자 문제와 어떤 연관이 있는 것 아니냐는 의문을 품게 만든다.

(2014년 3월 26일, [사설] 검찰, 蔡 전 총장의 '삼성 관련 의혹' 규명해야)

서울신문

① (사찰·개인정보 프레임)

오영중 서울변호사회 인권위원회 위원장은 "채 총장 혼외아들 의혹 보도 과정에서 해당 아동의 인권이 심각하게 침해됐다"며 "해당 아동의 학교생활 내용 등 교육행정정보시스템(NEIS)을 통해 엄격히 보관, 관리돼야 할 개인정보가 유출 및 무단 배포된 데 대해 교육청은 감사를, 검찰은 수사를 해야 한다"고 주장했다.

(2013년 9월 17일, [검찰총장 사퇴 후폭풍] 불법사찰 의혹으로 파문 확산… 시민단체 "檢 수사로 실체 규명을")

② (친자 프레임)

이날 법무부가 밝힌 진상조사 내용은 채 총장의 혼외아들 존재 가능성을 뒷받침하는 정황들이다. 움직일 수 없는 물증은 없다. 2010년 채 총장이 대전고검장으로 재직할 때 문제의 임모 여인이 집무실로 찾아와 채 총장의 부인을 자칭한 사실,……의혹이 처음 보도되기 직전인 지난 6일 새벽 임씨가 여행용 가방을 꾸려 급히 집을 나가 잠적한 사실 등 의심 정황으로 제시했으나, 혼외아들의 존재와 직결되는 증거는 아니다.

(2013년 9월 28일, [사설] 더 이상 혼란 없도록 채동욱 파문 빨리 끝내야)

진상규명 프레임 빈도

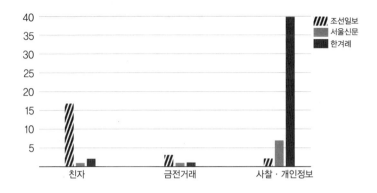

한겨레

① (사찰 · 개인정보 프레임)

임씨 아들의 혈액형은 해당 초등학교의 학교생활기록부를 통해 흘러
나갔을 가능성이 높지만, 이는 엄연한 불법이다.……지난 7월에 국가
인권위원회는 "당사자의 동의 없이 다른 기관이 학생기록부 등 개인
정보를 수집 · 관리하는 것을 허용해서는 안 된다"고 권고한 바 있다.

(2013년 9월 16일, 청와대 '혼외아들 혈액형 확인'불법사찰 가능성)

② (친자 프레임)

법무부가 이날 '구체적인 추가 자료가 있지만 공개할 수 없다'고 밝힌
것도 '언론플레이'라는 비판을 피할 수 없을 것으로 보인다. 혼외 아
들이 사실인 것처럼 조사 결과를 공표했다면 충분한 근거를 제시했어
야 하는데, 객관적 검증이 가능한 근거를 제시하지 않은 채 의혹을 기
정사실화하려는 태도를 보인 것이다.

(2013년 9월 28일, "2010년 임씨가 부인이라며 채동욱 사무실 찾아가
만남 거절당하자 '피한다고 될 문제 아니다' 말해")

5) 갈등 프레임

여야 정치권은 채 전 총장의 혼외자 의혹 사건을 두고 날선 공방

을 벌였다. 또한 법조계 안팎에서도 서로 다른 시각이 부딪쳤다. 여당은 '비호' '법질서'를 운운하며 야당에 대해 '사적인 일'을 정쟁政爭의 도구로 삼는다"고 비판했다. 반면 야당은 이 사건을 '검찰 길들이기' 혹은 '총장 쫓아내기'로 규정하며 법무부와 청와대를 비난했다. '합작' '음모'라는 표현이 등장한다.

갈등 프레임 기사 분량은 세 신문이 비슷했다. 조선일보가 84건 중 11건(13.1%), 서울신문이 86건 중 10건(11.6%), 한겨레가 159건 중 9건(5.7%)이었다. 갈등 프레임의 경우 세 신문 모두 갈등 관계인 양측의 주장을 공방 형식으로 다뤘기 때문에 2차 프레임 구분이 무의미하다.

조선일보

민주당은 법사위를 열어 황 장관을 상대로 채 총장 사퇴 경위를 따지자고 했지만, 새누리당은 "혼외 아들 의혹이 규명되지 않은 상황에서 법사위를 열면 정쟁만 벌어진다"며 반대했다. 청와대는 채 총장의 사퇴에 대해 아무런 언급을 하지 않았다. 청와대 고위 관계자는 채 총장에 대한 감찰 지시와 관련, "그 문제에 대해 아는 바 없다"고 말했다. (2013년 9월 14일, [채동욱 검찰총장 사퇴] 野 "청와대와 국정원의 검찰 길들이기", 與 "사적인 일에 정치적 의미 부여 말라")

서울신문

최경환 원내대표는 "야당이 채동욱 총장을 비호하는 것은 이해할 수 없는 태도"라면서 날을 세웠다. 민주당은 청와대를 이번 사태의 배후로 지목했다. 전병헌 원내대표는 채 총장 사태에 대해 "국정원과 청와대가 합작한 사법정의 말살 음모이자, 검찰 살해 공작"이라고 규정했다. (2013년 9월 17일, [검찰총장 사퇴 후폭풍] 여 "野 총장비호 문제" 야 "靑·국정원 합작품")

한겨레

채동욱 검찰총장이 전격 사퇴한 13일 정치권은 들끓었다. 민주당 등 야당은 "(청와대가 중심에 있는) 권력의 음모"라며 이번 사태를 청와대의 '검찰 흔들기'로 규정하고 대응해 나가겠다고 밝혔다. 새누리당은 유감의 뜻을 밝히면서도 '청와대 보복론'으로부터는 거리를 두려 애썼다.

(2013년 9월 14일, 야 "채 총장 제거 위한 권력음모" 여 "총장직 수행 어렵다 봤을 것")

6) 언론윤리 프레임

언론윤리 프레임

프레임 매체	언론윤리 프레임			
	본령 · 용기 프레임	인권 프레임	정도(正道) 프레임	합계
조선일보	5	1	0	6
서울신문	0	0	1	1
한겨레	0	2	15	17
합계	5	3	16	24

언론윤리란 말 그대로 언론으로서 지켜야 할 도리를 말한다. 조선일보와 한겨레는 상반된 언론윤리를 제시했다. 조선일보는 자사 보도를 '용기 있는 보도'로 높이 평가하면서 이를 '언론의 본령'이라고 표현했다. 반면 한겨레는 조선일보의 보도는 '인권 유린'이고 '언론의 정도'가 아니라며 권언유착 의혹을 제기했다.

조선일보는 84건 중 6건(7.1%), 한겨레는 159건 중 17건(10.7%)으로 그보다 세 배 가까이 많았다. 반면 서울신문은 언론윤리 문제를 거의 거론하지 않았다. 86건 중 단 한 건(1.2%)에 지나지 않았다. 서울신문의 보도 건수가 이처럼 확연히 적은 것은 조선일보와 대립각을 세운 한겨레와 달리 이 사건은 진상규명이 중요하지 언론윤리로 볼 문제는 아니라는 시각에서 비롯된 것으로 보인다.

2차 프레임으로 분류해보면, 조선일보는 본령·용기 프레임이 5건, 인권 프레임이 한 건이었다. 반면 한겨레는 17건 중 인권 프레임이 2건, 정도 프레임이 15건이었다. 한 가지 흥미로운 것은 한겨레와 조선일보의 인권 프레임이 표현만 같지 뜻은 다르다는 점이다. 한겨레가 구축한 인권 프레임은 조선일보 기사가 임씨 모자의 인권을 유린한다는 비판이다.

반면 조선일보가 언급한 '인권'은 '혼외자' 채모 군의 신상과 사진이 인터넷에 떠도는 것에 대한 우려다. 서울신문 기사 한 건은 정도 프레임으로 분류할 수 있다.

조선일보

① (본령·용기 프레임)

검찰총장의 혼외 자식 의혹은 언론이 당연히 제기할 수 있는 것이고, 해야 한다. 왜 하필 이때냐, 어째서 정치적 파장을 고려하지 않았느냐 하는 따위는 본질을 비켜 가려는 궤변이다. 언론은 기사가 될 수 있는 사건을 인지(認知)하면 당연히 취재를 하고 사실이 확인되면 용기와 소신을 가지고 밝혀낼 의무가 있다.

(2013년 9월 16일, [이슈 진단] 사실 취재를 포기한 우리 언론들이 부끄럽다)

② (인권 프레임)

채동욱 검찰총장의 '혼외(婚外) 아들' 파문에 연루된 사람들에 대한 '신상 털기'와 인신공격이 도를 넘고 있다. 채 총장과 부적절한 관계를 유지한 당사자로 지목된 임모(54)씨와 임씨의 아들 채모(11)군의 실명이 인터넷과 SNS(소셜네트워킹서비스)에 그대로 노출되면서 이들의 과거 행적이 나열되고, 채군의 경우 엉뚱한 사진이 채군의 모습이라며 떠돌고 있다.

(2013년 9월 12일, 實名 올리고 엉뚱한 사진에 인신공격… '蔡총장 婚外아들' 신상털기 度 넘었다)

서울신문

① (정도 프레임)

채동욱 검찰총장의 혼외 아들 논란으로 시끌시끌하다. 논란은 사생활 보호로 번지고 있다. 금태섭 변호사는 처음 보도한 조선일보가 4년 전 칼럼에서는 친자확인 소송을 당한 A장관을 다룬 언론을 "하수구 저널리즘"에 비유했다고 꼬집었다.

(2013년 9월 12일, [씨줄날줄] 혼외 자녀)

언론윤리 프레임 빈도

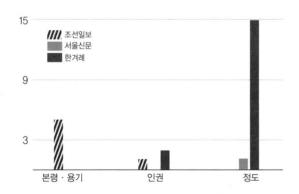

한겨레

① (정도 프레임)

조선일보의 보도 태도에 대해 언론단체나 학계에서는 '권-언 유착'의 혹을 제기하고 나섰다. 신태섭 민주언론시민연합 공동대표(동의대 교수)는 "조선일보는 지신이 원하는 부당한 목적을 위해 인권을 침해하는 등 저널리즘의 기본 원칙과 윤리를 저버렸다. 채 총장을 끌어내리기 위해 권력과 합작한 권-언 유착 사례로 보인다"고 말했다.…… 원용진 서강대 교수(신문방송학)는 "조선일보는 정치적 사안인 채 총장 진퇴 문제를 숨기기 위한 전략으로 윤리적 문제로 포장하여 몰고간 것이라고 본다. 편향적 보도이고, 자사 이익에 빠져 있는 것"이라고 말했다.

(2013년 9월 16일, 조선일보 "채 총장 자진하차"… 유일하게 '청와대 외압 의혹'외면)

② (인권 프레임)

국제아동구호단체인 '세이브더칠드런'한국지부는 17일 '아동 인권을 침해하는 보도에 대해 언론에 드리는 글'이라는 제목의 성명을 내어 "검찰총장의 혼외 아들 논란을 둘러싼 일부 보도가 도를 넘어서 아동 인권 유린으로 치닫고 있다"며 "한 신문이 검찰총장의 혼외 아들로 지목된 아이의 개인정보를 유출하고 친구들에게까지 출생의 비밀을 묻는 인권침해 기사를 잇달아 게재하더니 인터넷을 통해 해당 아동 사진이 무단으로 유포되는 지경에 이르렀다"고 우려했다. 이 단체는 이어 "공직자의 윤리, 국민의 알 권리, 표현의 자유라는 가치가 아무리 중요하다고 해도 공인도 아니며 성인도 아닌 한 아이의 사생활 정보를 낱낱이 파헤쳐 공개할 근거는 절대로 될 수 없다"고 주장했다.

(2013년 9월 18일, 동아일보의 채동욱 아들 '가상칼럼'에 "아동 인권 유린 참담" 비판 줄이어)

언론윤리 프레임과 관련해 한 가지 흥미로운 것은 공직자 사생활 보도에 대한 조선일보의 '이중잣대' 논란이다. 한겨레는 조선일보가 2009년 혼외자로부터 친자확인 소송을 당했던 이만의 당시 환경부 장관을 옹호했던 사실을 꼬집으며 조선일보의 이중적 보도 태도를 문제 삼았다.[88] 당시 조선일보는 프랑스에서 대통령의 혼외 딸 관련 보도를 한 주간지가 '하수구 저널리즘'이라는 비판을 받은 사실을 소개하면서 이만의 환경부 장관의 실명을 거론한 언론과 그의 퇴진을 요구한 야당을 비난한 바 있다. 사생활 문제가 직무와 관련되지 않는다면 공적인 책임을 물을 수 없다는 취지였다.[89]

이에 대해 조선일보는 당사자인 '박정훈 칼럼'을 통해 채 전 총장과 이 전 장관의 사건은 성격이 다르다고 반박했다. 박정훈 부국장은 칼럼에서 "이 전 장관의 혼외자 문제는 사적 이슈"라고 규정하면서 "당사자 간 개인적 다툼 영역을 벗어나지 않았고 규명할 공적인 의문점이 있는 것도 아니었다"고 주장했다. 반면 채 전 총장 문제 "명백한 공적 이슈"라고 정의했다. "공직자의 행적을 둘러싸고 제기되는 각종 의혹에 대해 진실을 규명해야 할 사실 확인의 문제가 됐다"는 게 그의 반박이었다.[90]

88 이본영, "조선일보 '하수구 저널리즘' 비판하더니…", 「한겨레」, 5면, 2013.9.7.
89 박정훈, 앞의 기사.
90 박정훈, "채동욱 총장과 이만의 장관의 차이", 「조선일보」, A30면, 2013.9.13.

언론사별 프레임 차이

프레임		매체						합계
1차	2차	조선일보		서울신문		한겨레		합계
사건공시	조사,확인,폭로	32(38.1%)		40(46.5%)		44(27.7%)		116(35.3%)
문제정의	도덕성/알 권리	8(6/2)(9.5%)	8(9.5%)	4(4/0)(4.6%)	10(11.6%)	0	33(20.7%)	51(15.5%)
	정치공작/사생활	0		6(5/1)(7.0%)		33(28/5)(20.7%)		
원인진단	개인비리	5(6.0%)	5(6.0%)	0	17(19.8%)	0	13(8.2%)	35(10.6%)
	검찰 흔들기	0		17(19.8%)		13(8.2%)		
진상규명	친자/금전거래	20(17/3)(23.8%)	22(26.2%)	2(1/1)(2.3%)	8(9.3%)	3(2/1)(1.9%)	43(27.0%)	73(22.2%)
	사찰·개인정보	2(2.4%)		6(7.0%)		40(25.1%)		
갈등	정치권 공방(비호/음모)	11(13.1%)		10(11.6%)		9(5.7%)		30(9.1%)
언론윤리	본령·용기	5(5.9%)	6(7.1%)	0	1(1.2%)	0	17(10.7%)	24(7.3%)
	인권/정도(正道)	1(1/0)(1.2%)		1(0/1)(1.2%)		17(2/15)(10.7%)		
합계		84(100%)		86(100%)		159(100%)		329(100%)

4. 이슈별 기사 빈도 및 프레임 분포

1) 이슈별 기사 빈도

세 신문의 보도 양상이 어떻게 달랐는지를 실감나게 보여주는 것은 이슈별 기사 빈도 분석이다. 필자는 언론의 보도 흐름에 큰 영향을 끼친 것으로 판단되는 7가지 이슈를 선정하고 그에 따른 기사 빈도를 조사했다.

7가지 이슈는 법무부 감찰·진상조사, 채동욱 사퇴, 가정부 폭로,

서초구청 정보 유출 및 청와대 행정관 연루, 채군 계좌 송금, 청와대 4개 비서관실 개입, 검찰 수사결과 발표. 7가지 이슈와 관련된 기사는 전체 329건 중 222건. 이 중 한겨레가 106건(47.8%)으로 가장 많고, 서울신문 66건(29.7%), 조선일보 50건(22.5%)이었다. 이슈와 관련되지 않은 기사 107건은 분석대상에 포함시키지 않았다.

먼저 법무부 감찰·진상조사. 9월 13일 법무부가 혼외자 의혹에 대한 감찰을 결정하자 채 전 총장은 거부의 표시로 사의를 표명했다. 하지만 사표를 수리하지 않은 채 감찰의 전 단계인 진상조사에 들어간 법무부는 9월 27일 진상조사 결과를 발표하면서 청와대에 채 전 총장의 사표 수리를 건의했다. 다음날 청와대가 사표를 수리함에 따라 채 전 총장은 취임한 지 180일 만에 물러나게 됐다.

법무부의 진상조사가 벌어진 9월 13일부터 27일까지 15일간 세 신문에 실린 관련 기사는 모두 80건. 한겨레가 35건(43.7%)으로 가장 많고, 서울신문 25건(31.3%), 조선일보 20건(25%)이었다. 본 연구에서 분석대상으로 삼은 세 신문의 전체 기사의 비율과 비슷한 흐름이다(한겨레 48.3%, 서울신문 26.1%, 조선일보 25.6%).

채 전 총장의 사퇴와 관련해선 모두 24건의 기사가 실렸는데, 조선일보의 보도 건수(3건, 12.5%)가 확연히 적은 게 눈에 띈다. 서울신문은 8건(33.3%), 한겨레는 절반이 조금 넘는 13건(54.2%)을 보도했다. 조선일보는 채 전 총장의 사퇴에 큰 의미를 두지 않은 반면 한겨레는 사퇴의 의미와 배경에 대해 큰 관심을 나타낸 것으로 해석할 수 있다.

이슈별 기사 빈도

언론사 이슈	조선일보	서울신문	한겨레	합계
법무부 감찰 진상조사	20 (25%)	25 (31.3%)	35 (43.7%)	80 (100%)
채동욱 사퇴	3 (12.5%)	8 (33.3%)	13 (54.2%)	24 (100%)
가정부 폭로	9 (60%)	1 (6.7%)	5 (33.3%)	15 (100%)
서초구청 정보유출 청와대 행정관 연루	3 (4.7%)	26 (40.6%)	35 (54.7%)	64 (100%)
채군 계좌 송금	8 (57.2%)	3 (21.4%)	3 (21.4%)	14 (100%)
청와대 4개 비서관실 개입	1 (8.3%)	2 (16.7%)	9 (75%)	12 (100%)
검찰 수사결과 발표	6 (46.2%)	1 (7.6%)	6 (46.2%)	13 (100%)
합계	50 (22.5%)	66 (29.7%)	106 (47.8%)	222 (100%)

채 전 총장의 내연녀로 지목된 임씨 집에서 가정부를 지냈다는 이모 씨의 폭로와 관련된 기사 빈도는 이와는 전혀 다르다. 전체 15건중 조선일보 기사가 9건(60%)으로 가장 많고, 이어 한겨레 5건(33.3%), 서울신문 한 건(6.7%)이었다. 조선일보가 이 이슈에 대해 적극 보도한 것은 혼외자 의혹을 뒷받침하는 강력한 증거가 등장했다고 판단했기 때문으로 보인다.

조선일보보다 한겨레의 기사가 적은 것은 혼외자 의혹 자체는 사건의 본질이 아니라는 이 신문의 관점이 투영된 결과로 보인다. 한겨레는 이씨의 주장을 가감 없이 전달하면서도 채 전 총장의 강력한 부인을 같은 비중으로 다뤘다. 아울러 이씨와의 인터뷰를 방송한 TV조선 보도를 둘러싼 KBS의 내부 갈등을 2회 다뤘다. KBS

9시 뉴스에서 TV조선 보도를 받아 크게 보도한 것을 두고 KBS 기자협회와 노조가 반발한다는 내용이었다.

초기에 적극성을 띠었던 조선일보의 보도 태도는 서초구청의 개인정보 유출 및 청와대 행정관 연루 이슈에 대해선 몹시 소극적으로 바뀐다. 세 신문에 게재된 기사는 모두 64건. 한겨레와 서울신문이 각각 35건(54.7%), 26건(40.6%)의 기사를 쏟아내며 개인정보 유출과 불법 사찰 의혹을 규명하려 애쓰는 동안 조선일보는 단 3건(4.7%)만 실었다. 그것도 두 신문의 첫 보도일(2013년 11월 27일)보다 8일 늦은 보도였다.[91]

하지만 조선일보의 보도 태도는 채 전 총장의 고교 동창인 이씨가 혼외자로 지목된 채군 계좌로 두 차례에 걸쳐 2억 원을 송금한 사실이 확인된 후 다시 적극적으로 바뀐다. 기사 분량과 비율이 모두 서울신문과 한겨레를 압도한다. 전체 14건 중 조선일보 기사가 절반이 넘는 8건(57.2%)이고, 서울신문과 한겨레는 각각 3건(21.4%)에 그쳤다. 조선일보가 이 사실을 첫 보도한 시점은 2014년 2월 6일. 한겨레는 그로부터 50일이 지난 3월 26일에야 관련 내용을 보도했다.[92]

청와대 4개 비서관실 개입은 한겨레의 마지막 '반격'이었다. 총

<hr>

91 전수용, "꼬리무는 '채동욱 婚外子' 정보유출 라인(서초구청 국장→靑 행정관→안행부 국장)… 첫 지시자 누굴까", 「조선일보」, A10면, 2013.12.5.

92 김원철, "검찰 '채동욱 먼지털기'로 '불법 뒷조사' 물타기 하나", 「한겨레」, 5면, 2014.3.25.

12건 중 9건(75%)이 한겨레 기사였다. 서울신문이 2건(16.7%), 조선일보는 단 한 건(8.3%)의 기사만 실었다. 사건 초기부터 이 사건을 국가기관의 불법 사찰로 규정한 한겨레는 청와대의 '조직적 개입'에 대한 검찰의 수사를 촉구했다.

마지막 이슈는 검찰의 수사결과 발표. 조선일보가 제기한 혼외자 의혹은 사실로 인정된 반면, 한겨레가 주도한 청와대 사찰 의혹은 실체가 없거나 사실과 다른 것으로 정리됐다. 검찰은 청와대 비서관실 관계자들이 혼외자 관련 정보를 수집한 데 대해 "정상적 감찰 활동"이라며 무혐의 처분했다.

이슈별 기사 빈도

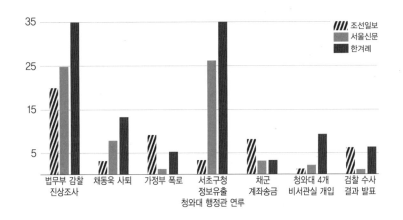

이와 관련된 기사는 전체 13건 중 조선일보와 한겨레가 각각 6건(46.2%)이다. 조선일보는 자사 보도가 사실로 확인된 점을 크게 부

각했고, 한겨레는 검찰이 사찰 의혹을 제대로 규명하지 않았을 뿐 아니라 이 사건에 연루된 청와대 관계자들을 제대로 조사하지 않았다고 비판했다. 서울신문은 한 건(7.6%)만 보도했는데, 형식은 스트레이트이지만 첫 문단에 나타난 '면죄부 수사'라는 용어가 말해주듯 검찰 수사의 문제점을 지적하는 기사였다.

이처럼 7개 이슈에 대한 세 신문의 기사 빈도는 각 신문이 사건 초기 구축한 프레임과 일맥상통한다. 즉 자신이 설정한 프레임에 맞는 이슈에 대해선 적극적으로 보도하고, 맞지 않는 이슈에 대해선 소극적으로 보도하거나 외면한 셈이다.

2) 이슈별 프레임 분포

조선일보, 서울신문, 한겨레의 프레임이 주요 이슈에 따라 어떻게 달랐는지를 알아보는 것은 세 신문의 이념성과 정체성, 언론관을 파악하는 데 도움이 된다. 법무부 감찰, 채동욱 사퇴, 가정부 폭로, 서초구청 정보유출 및 청와대 행정관 연루, 채군 계좌 송금, 청와대 4개 비서관실 개입, 검찰 수사결과 발표 등 7개 이슈에 따라 세 신문의 프레임은 저마다 달랐다.

① 법무부 감찰

법무부 감찰에 대한 세 신문의 보도 건수는 총 80건이다. 이 중 사건공시와 문제정의 프레임이 각각 23건(28.8%)으로 가장 많았다.

이어 원인진단(12건, 15%), 갈등(10건, 12.5%), 진상규명(9건, 11.2%), 언론윤리(3건, 3.7%) 순이다. 사건공시와 더불어 문제정의 프레임이 많다는 것은 감찰을 단순히 알리는 데 그치지 않고 감찰의 의미와 배경을 분석하거나 해설하는 기사가 많았음을 뜻한다.

조선일보는 20건을 보도했는데, 사건공시 프레임이 6건으로 가장 많았다. 이어 문제정의 4건, 원인진단과 진상규명이 각각 2건, 갈등 5건, 언론윤리 1건이었다. 사건공시 프레임이 가장 많은 건 감찰 내용에 대해 굳이 어떤 주관적 해석을 할 필요 없이 법무부 발표를 그대로 전해주는 것만으로도 충분하다고 판단했기 때문으로 보인다.

사건공시 프레임
법무부가 27일 채동욱(54) 검찰총장의 혼외(婚外) 아들 파문과 관련한 진상 조사 결과를 발표하면서 "혼외 아들 의혹이 사실이라고 의심하기에 충분한 정도의 여러 진술과 정황 자료를 확보했다"며 "청와대에 채 총장의 사표 수리를 건의했다"고 밝혔다.
(조선일보, 2013년 9월 28일, 임 여인, 자기가 부인이라면서 채동욱 고검장실(2010년 당시 대전고검장) 찾아가 면담 요구)

서울신문은 총 25건 중 사건공시 프레임이 11건으로 가장 많았다. 그 다음 원인진단이 6건이었고, 문제정의 4건, 진상규명과 갈등이 각각 2건, 언론윤리는 한 건도 없었다. 서울신문에서 원인진단 프레임이 조선일보보다 많이 나타난 것은 감찰에 대한 비판적 해석이 곁들여졌기 때문이다.

원인진단: 검찰 흔들기 프레임

15일 검찰 안팎에서는 조선일보가 보도한 채 총장의 '혼외 아들' 의혹에 대해 황 장관의 감찰 지시가 내려지는 과정에서 청와대와 여당 등의 부당한 압력이 있었다는 관측이 제기되고 있다. 채 총장이 사퇴한 일련의 과정을 '검찰 흔들기'로 보는 시각이 지배적이다.

(서울신문, 2013년 9월 16일, [채동욱 검찰총장 사퇴 후폭풍] "채총장 감찰 지시 배경에 의문" 檢 내부 술렁… 일부 제2검란 우려)

한겨레는 모두 35건을 실었다. 사건공시6건보다 문제정의15건 프레임이 2배 이상 많은 게 특징. 그밖에 진상규명 5건, 원인진단 4건, 갈등 3건, 언론윤리 2건 등 6개 프레임이 고르게 나타났다. 문제정의 프레임이 압도적으로 많은 것은 한겨레가 이 사건과 관련된 일을 단순히 보도하는 데 그치지 않고 국가기관이 개입한 정치공작으로 간주하여 그에 대한 분석과 해설에 많은 지면을 할애했기 때문이다.

문제정의: 정치공작 프레임

조선일보의 '혼외 아들' 의혹 보도에 법무부가 감찰 카드로 맞장구 친 것도 잘 짜인 시나리오에 따라 이뤄졌다는 분석도 나온다. 검찰 관계자는 "이 사건은 시나리오를 만들어 놓고 진행된 것이다. 일단 진실이 뭐든 언론이 사생활을 치사하게 건드리고 당사자가 해명하면 꼬투리를 잡아서 계속 상황을 키워서 썼다. 그러면 마지막에 우리(청와대)가 정리하겠다는 연출로 보면 된다"고 말했다.

(한겨레, 2013년 9월 14일, [단독] '국정원 뚝심수사' 뒤 '채 총장 추석 전에 날린다' 소문)

② 채동욱 사퇴

2013년 9월 30일 채동욱 총장은 퇴임식을 치르고 검찰을 떠났다. 이와 관련한 세 신문의 기사는 24건. 갈등 프레임이 7건(29.2%)으로 가장 많고, 이어 사건공시 6건(25%), 원인진단 5건(20.8%), 문제정의 프레임 4건(16.6%) 순이다. 그밖에 진상규명과 언론윤리 프레임이 한 건(4.2%)씩이다. 정치권의 공방을 다룬 갈등 프레임이 많다는 것은 이 사건이 대형 정치사건으로 비화했음을 뜻한다.

조선일보 기사는 3건인데, 사건공시와 문제정의, 갈등 프레임이 한 건씩이다.

문제정의: 도덕성 프레임
법무부가 '혼외(婚外) 아들' 문제로 물러난 채동욱(54) 전 검찰총장 후임 인선 작업에 돌입한 가운데 원로 법조인들은 차기 검찰총장의 조건으로 검찰 내부 신망과 도덕성을 중요 덕목으로 꼽았다.
(조선일보, 2013년 10월 9일, "차기 검찰총장, 信望·도덕성·경륜 3박자 갖춰야")

서울신문은 8건 중 갈등 프레임이 4건으로 가장 많았다. 그밖에 사건공시와 원인진단 프레임이 2건씩이었다. 혼외자 의혹의 진실이 규명되지 않은 상태에서 채 전 총장이 물러나자 주관적 해석을 자제하는 대신 정치권 공방을 소개하는 형식으로 총장 사퇴로 사건이 끝난 게 아니라는 점을 강조한 것으로 보인다.

갈등 프레임

강은희 새누리당 원내대변인은 "민주당이 '채동욱 지킴이'로 나선 게 아닌지 의심스럽다"면서 "민주당은 국론을 분열시키고 본질을 의도적으로 훼손하는 태도를 즉각 중단하라"고 촉구했다. 민주당은 '청와대의 채동욱 찍어내기'라며 진상 규명을 촉구했다.

(서울신문, 2013년 9월 30일, [靑, 채동욱 사표 수리] 새누리 "검찰 조직 정상화 수순"… 민주 "박대통령 무리수 정치")

한겨레는 모두 13건의 기사를 실었다. 사건공시와 문제정의, 원인진단 프레임이 똑같이 3건씩이고, 갈등 프레임이 2건, 진상규명과 언론윤리 프레임이 한 건씩이다.

문제정의: 정치공작 프레임

〈조선일보〉의 혼외아들설 보도는 어찌 보면 '찍어내기' 공작의 마무리 절차에 불과했던 셈이다. 치명적인 내용을 당사자 확인도 없이 '밝혀졌다'고 단정적으로 보도해놓고, 두 당사자 모두 부인하자 뒤늦게 '의혹'이라고 후퇴한 극히 이례적인 보도 방식 자체가 이미 공작의 냄새를 짙게 풍기고 있음은 언론계의 상식이다.

(한겨레, 2013년 9월 30일, [사설] '정권의 충견' 자처한 황교안 장관 당장 사퇴해야)

③ 가정부 폭로

채 전 총장이 퇴임식을 한 지 반나절도 지나지 않아 조선일보 측의 공격이 재개됐다. 2013년 9월 30일 TV조선은 채 전 총장의 내연녀로 지목된 임씨 집에서 가정부로 일했다는 이모 씨의 인터뷰를 방영했다.

전체 15건의 기사 중 사건공시 프레임(10건, 66.7%)이 가장 많이 나타났다. 그밖에 진상규명 3건(20%), 문제정의 2건(13.3%)이다. 사건공시 프레임이 많은 것은 이씨 주장의 진위를 당장 판단하기 힘들기 때문에 주관적 해석을 배제한 결과로 보인다.

이와 관련해선 앞서 이슈별 기사 빈도에서 살펴본 것처럼 세 신문 중 조선일보 기사가 가장 많다. 9건 중 6건이 사건공시 프레임, 3건이 진상규명 프레임이다. 조선일보 기사 건수가 많은 것은 물론 이씨의 폭로 내용이 자사의 보도와 상통했기 때문이다.

사건공시 프레임
채동욱(54) 전 검찰총장의 혼외 아들 어머니로 지목된 임모(54)씨 집에서 4년 7개월간 가정부로 일한 이모(61)씨는 TV조선 인터뷰에서 "아이 아버지가 채동욱 전 총장"이라고 폭로하면서 "채 전 총장이 수시로 잠을 자고 갔고, 모자(母子)와 여행도 다녔다"고 증언했다.
(조선일보, 2013년 10월 1일, [채동욱 파문] 가정부 "蔡씨, 내가 엉뚱한 사람과 착각했다니… 정말 뻔뻔하다")

서울신문은 가정부 폭로와 관련해 문제정의 프레임으로 한 건만 보도했다. 채 전 총장의 퇴임 소식을 전하면서 이 문제를 간단히 언급한 기사가 있기는 하나 여기선 제외했다. 제목이나 기사의 전체적인 취지가 이 문제와 관계가 없기 때문이다.

문제정의: 도덕성 프레임
과연 누구의 말이 옳은지는 당장 알 길이 없다. 그러나 만에 하나 가

정부의 발언이 사실로 드러난다면 그제 부인과 딸까지 참석한 검찰총장 퇴임식에서 "부끄럽지 않은 남편과 아빠로 살아왔다"고 말한 채 전 총장은 엄청난 타격을 입을 것이 분명해 보인다.
(서울신문, 2013년 10월 2일, [최광숙의 시시콜콜] 가정부와 운전기사)

한겨레가 내보낸 기사는 5건으로 사건공시 4건, 문제정의 한 건이다. 원인진단이나 진상규명 프레임이 없고 사건공시 프레임에 의존한 것은 이 문제에 대해 굳이 해설이나 분석을 하고 싶지 않다는 한겨레의 보도 태도를 잘 보여준다.

가정부의 폭로와 채 전 총장의 부인을 대등한 비중으로 소개만 하고 진위는 따지지 않겠다는 뜻이다.

사건공시 프레임
채동욱(54) 전 검찰총장의 혼외아들을 낳았다는 의혹이 제기된 임아무개(54)씨의 집에서 일했다는 한 여성이 "채 총장이 아이의 아버지가 맞다"고 밝혔다고 〈티브이조선〉이 30일 보도했다. 이에 대해 채 총장은 "전혀 사실무근이며 그 여성의 집에 가본 적도 없다. 다른 사람과 착각한 것으로 보인다. 법적 대응을 하겠다"며 강하게 반박했다.
(한겨레, 2013년 10월 1일, "채동욱, 임씨 집서 수시로 자고 가" TV조선 '임씨 집 보모 주장' 보도, 채동욱 "집에 간 적 없어… 다른 사람과 착각")

④ 서초구청 정보 유출 및 청와대 행정관 연루
3기의 최대 이슈였던 서초구청의 개인정보 유출 및 청와대 행정관 연루에 대한 보도 건수는 64건. 프레임은 사건공시(31건, 48.4%)

와 진상규명(27건, 42.2%)이 비슷한 빈도로 나타났다. 그밖에 갈등 프레임이 4건(6.2%), 문제정의와 원인진단 프레임이 각각 한 건(1.6%)이었다. 사건공시와 진상규명 프레임이 많은 것은 한겨레와 서울신문이 청와대의 사찰 의혹을 깊이 파고들었기 때문이다.

3건의 기사를 게재한 조선일보의 프레임은 사건공시 한 건, 진상규명 2건이었다.

사건공시 프레임

채동욱 전 검찰총장의 혼외(婚外) 아들로 지목된 채모군의 정보 유출 의혹을 받고 있는 곽상도(54) 전 청와대 민정수석은 5일 기자와의 통화에서 "일부 언론과 야당의 의혹 제기는 전혀 근거 없는 주장"이라면서 "법적 대응을 준비하고 있다"고 밝혔다.

(조선일보, 2013년 12월 6일, 곽상도(前 민정수석) "안행부 金국장, MB 시절 청와대 근무… 난 누군지 몰라")

서울신문은 26건 중 18건이 사건공시 프레임으로 나타났다. 이어 진상규명 4건, 갈등 3건, 원인진단 한 건이었다.

사건공시 프레임

서울중앙지검 형사3부(부장 장영수)는 채 전 총장의 혼외자 의혹을 보도한 조선일보 기자와 곽상도 전 청와대 민정수석 고발 사건과 관련, 지난 20일 서울 서초구청 행정지원국 및 조모 행정지원국장의 자택을 압수수색했다고 26일 밝혔다. 검찰 관계자는 "(혼외자 의심 아동의) 가족관계등록부를 누가 확인했는지 파악하기 위한 것이었다"고 말했다.

(서울신문, 2013년 11월 27일, 檢, 채동욱 혼외아들 의혹 정보 6월 무단 열람 확인… 서초구청 행정지원국 압수수색)

이슈별 프레임 분포

프레임	이슈\매체	법무부 감찰	채동욱 사퇴	가정부 폭로	서초구청 청와대 행정관	채군 계좌 송금	청와대 4개 비서관실	수사 결과 발표	합계
사건 공시	조선	6	1	6	1	6	1	1	22
	서울	11	2	0	18	3	1	0	35
	한겨레	6	3	4	12	2	1	2	30
	소계	23 (28.8%)	6 (25%)	10 (66.7%)	31 (48.4%)	11 (78.6%)	3 (25%)	3 (23.1%)	87
문제 정의	조선	4	1	0	0	0	0	1	6
	서울	4	0	1	0	0	0	0	5
	한겨레	15	3	1	1	0	0	0	20
	소계	23 (28.8%)	4 (16.6%)	2 (13.3%)	1 (1.6%)	0	0	1 (7.7%)	31
원인 진단	조선	2	0	0	0	0	0	0	2
	서울	6	2	0	1	0	0	0	9
	한겨레	4	3	0	0	0	0	0	7
	소계	12 (15%)	5 (20.8%)	0	1 (1.6%)	0	0	0	18
진상 규명	조선	2	0	3	2	2	0	4	13
	서울	2	0	0	4	0	1	1	8
	한겨레	5	1	0	21	1	8	4	40
	소계	9 (11.2%)	1 (4.2%)	3 (20%)	27 (42.2%)	3 (21.4%)	9 (75%)	9 (69.2%)	61
갈등	조선	5	1	0	0	0	0	0	6
	서울	2	4	0	3	0	0	0	9
	한겨레	3	2	0	1	0	0	0	6
	소계	10 (12.5%)	7 (29.2%)	0	4 (6.2%)	0	0	0	21
언론 윤리	조선	1	0	0	0	0	0	0	1
	서울	0	0	0	0	0	0	0	0
	한겨레	2	1	0	0	0	0	0	3
	소계	3 (3.7%)	1 (4.2%)	0	0	0	0	0	4
합계		80 (100%)	24 (100%)	15 (100%)	64 (100%)	14 (100%)	12 (100%)	13 (100%)	222

한겨레는 진상규명(21건) 프레임이 사건공시(12건) 프레임보다 많다. 그밖에 갈등 프레임이 한 건이다. 진상규명 프레임이 많다는 건 한겨레가 이 문제를 사건의 본질로 규정하고 관련 의혹의 진실을 밝히는 데 전력을 기울였음을 의미한다.

진상규명: 사찰 · 개인정보 프레임

조 국장을 비롯해 지금까지 검찰 수사를 통해 개인정보 유출에 관여한 것으로 드러난 서울 서초구청 관련자들은 원세훈 전 국정원장의 '인맥'이라는 공통점을 갖고 있다. 진익철 서초구청장 역시 원 전 원장과 친분이 두터운 것으로 알려졌으며, 검찰의 압수수색을 받은 임아무개 감사담당관은 '진 구청장 라인'으로 통한다는 게 구청 관계자들의 설명이다.

(한겨레, 2013년 11월 28일, "누군가의 요청으로 알아봤으나 누군지는 말할 수 없다")

⑤ 채군 계좌 송금

채 전 총장의 고교 동창인 이모 씨가 혼외자로 지목된 채군 계좌로 거액을 송금한 사실은 4기의 주요 이슈였다. 전체 14건 중 사건공시 프레임이 11건(78.6%)으로 압도적으로 많았다. 나머지는 진상규명 3건(21.4%)이다.

조선일보는 세 신문 중 가장 많은 8건을 게재했는데, 사건공시 프레임이 6건, 진상규명 프레임이 2건이다. 가정부 폭로 때와 비슷한 맥락이다. 사건공시 프레임이 많은 것은 이 사건에 대한 조선일보의 자신감의 표현으로도 볼 수 있겠다. 군이 해석이나 분석을 곁들이지 않아도 프레이밍 효과를 충분히 거둘 수 있다고 본 것이다.

사건공시 프레임

채동욱(55) 전 검찰총장의 내연녀로 알려진 임모(55)씨가 2010년 채 전 총장 집무실을 찾아가 소란을 피운 직후 임씨 측에게 1억2000만원을 송금했던 채 전 총장의 고교 동창 이모(56)씨가 작년에 8000만원을 더 보내준 사실이 6일 확인됐다.
(조선일보, 2014년 2월 7일, 채동욱 前 검찰총장, 婚外子 유학 직전(지난해 8월) 8000만원 더 송금)

서울신문은 3건을 보도했는데 모두 사건공시 프레임이다. 채 전 총장의 고교동창 이씨가 검찰 조사를 받고 구속된 사실, 이씨의 공금 횡령에 간접적으로 관련된 삼성의 해명 등을 해석이나 분석 없이 단순히 알리기만 했다.

사건공시 프레임

서울중앙지검 형사6부(부장 서봉규)는 15일 채동욱 전 검찰총장의 혼외 아들로 알려진 채모(12)군에게 억대의 양육비를 송금한 의혹을 받고 있는 채 전 총장의 고교 동창 이모(56)씨를 조사했다고 밝혔다.
(서울신문, 2014년 4월 16일, '채동욱 송금 의혹' 고교동창 檢 출석)

한겨레도 서울신문과 마찬가지로 3건을 보도하는 데 그쳤다. 혼외자 진위보다 청와대의 불법 사찰을 중시하는 프레임을 다시 한 번 명확히 보여준 셈이다. 사건공시 프레임이 2건, 나머지 한 건은 진상규명 프레임이다.

진상규명: 사찰 · 개인정보 프레임

채동욱(55) 전 검찰총장 관련 비위 의혹에 대해 검찰이 수사대상을 계속 늘려가며 '먼지털이식' 수사를 하고 있다. 검찰 내부에선 채 전 총장에 대한 불법사찰에 정당성을 부여하기 위해 검찰이 '채 총장 흠집내기'를 시도하는 것 아니냐는 지적이 나온다.

(한겨레, 2014년 3월 26일, 검찰 '채동욱 먼지털기'로 '불법 뒷조사' 물타기 하나)

⑥ 청와대 4개 비서관실 개입

조선일보 보도 3개월 전에 청와대 4개 비서관실에서 동시다발적으로 채 전 총장의 혼외자 관련 정보를 수집했다는 사실에 대해선 12건의 기사가 있었다. 진상규명(9건, 75%) 프레임이 가장 많았고, 나머지 3건(25%)은 사건공시 프레임이었다. 한겨레와 서울신문은 적극적으로, 조선일보는 소극적으로 보도했다.

조선일보에서는 사건공시 프레임의 기사 한 건만 발견됐다.

사건공시 프레임

청와대가 지난해 6월 채동욱(55) 당시 검찰총장의 내연녀 임모(55) 여인의 비리 혐의에 대해 전방위로 확인하려 한 것으로 드러났다. 당시 청와대는 임 여인과 '혼외(婚外) 아들' 의혹에 대해서도 확인 작업을 벌였지만 임 여인과 관련한 비리 혐의와 혼외자 문제 둘 다 구체적인 사실 관계를 확인하지 못한 것으로 나타났다.

(조선일보, 2014년 3월 26일, 청와대 '채동욱 婚外子' 감찰, 다방면 확인에도 실패로 끝난 듯)

서울신문은 2건을 보도했는데 사건공시와 진상규명 프레임이 한 건씩이다. 청와대의 개입에 대해 조선일보는 '감찰'이라고 표현하고, 서울신문은 '사찰'이라고 표현한 점이 흥미롭다.

진상규명: 사찰 · 개인정보 프레임

반면 형사3부는 혼외자로 지목된 채군의 개인 정보 유출에 청와대 총무비서관실과 민정수석실 외에 교육문화수석실과 고용복지수석실까지 개입한 정황을 포착했지만 지금까지 청와대 관계자 중 단 한 명도 소환 조사를 받지 않았다.
(서울신문, 2014년 3월 26일, '채동욱 불법 사찰' 수사는 미적… '채군 계좌 삼성 돈' 수사는 가속)

한겨레는 이 문제에 대해 9건의 기사를 쏟아냈다. 사건공시 프레임이 한 건뿐이고 나머지가 모두 진상규명 프레임이라는 점에서 이 문제에 대한 한겨레의 적극적인 보도태도를 알 수 있다. 한겨레는 청와대 비서관실의 개입을 '불법' '편법'이라고 규정했다.

진상규명: 사찰 · 개인정보 프레임

청와대가 지난해 6월 채동욱(55) 전 검찰총장을 '중도하차'시키기 위해 여러 비서관실을 동시에 가동해 불법·편법으로 채 전 총장의 '혼외 의심 아들' 관련 정보 수집에 나선 사실을 검찰 수사팀이 이미 파악하고도 청와대 쪽 인사들을 전혀 조사하지 못하고 있는 것으로 드러났다. 검찰에선 청와대의 반발에 떠밀린 지휘부의 반대로 수사팀이 청와대 연루자들에 대한 조사를 엄두도 내지 못하고 있다는 지적이 나온다.
(한겨레, 2014년 3월 25일, [단독] "청와대가 '채동욱 뒷조사' 수사 막고 있다")

⑦ 검찰 수사결과 발표

사건의 대미를 장식한 검찰 수사결과 발표에 대한 기사는 모두 13건이다. 이에 대해선 진상규명(9건, 69.2%) 프레임이 가장 많았다. 이어 사건공시 3건(23.1%), 문제정의 한 건(7.7%)이었다. 진상규명 프레임의 경우 조선일보와 한겨레가 4건씩 동일했으나 초점은 정반대였다.

진상규명 프레임이 많은 것은 조선일보와 한겨레가 상반된 관점에서 검찰의 수사 내용을 분석하는 한편 수사의 문제점을 지적했기 때문이다. 조선일보는 자사 보도의 정당성을 앞세워 채 전 총장의 '거짓말'과 '혼외자 증거'를 조목조목 밝히는 한편 검찰이 채 전 총장의 뇌물수수 의혹에 대한 수사에 소극적이라고 지적했다. 반면 한겨레는 검찰이 청와대의 사찰 의혹에 '면죄부'를 줬다며 편파·축소 수사라고 비판했다.

조선일보는 진상규명 프레임 외 사건공시와 문제정의 프레임이 한 건씩이었다.

사건공시 프레임
채동욱(55) 전 검찰총장의 혼외(婚外) 아들에 대한 작년 9월 6일자 본지 보도는 진실(眞實)이라고 검찰이 공식 확인했다. 서울중앙지검은 채 전 총장과 내연녀인 임모(55) 여인 관련 사건과 혼외 아들 채모(12) 군의 개인정보 유출 사건을 수사한 결과 이런 결론을 내렸다고 7일 밝혔다.
(조선일보, 2014년 5월 8일, "채동욱 前총장 뇌물수수 여부 계속 수사… 민정수석실 개인정보 조회는 정당한 감찰")

서울신문 기사는 진상규명 프레임 한 건뿐이었다. 서울신문은 비록 한겨레와 비슷한 프레임으로 불법 사찰 의혹에 무게중심을 뒀지만, 한겨레와 달리 혼외자 의혹의 사실 여부도 중시했던 터라 검찰이 이를 공식 확인하자 더는 이 사건에 대해 취재할 필요를 못 느꼈던 것으로 보인다. 다만 검찰 수사결과 내용을 그대로 알리지 않고 비판적 시각을 덧붙임으로써 마지막까지도 자사의 프레임에 충실한 모습을 보였다.

진상규명: 사찰 · 개인정보 프레임
검찰이 채동욱(56) 전 검찰총장의 혼외아들 의혹과 관련해 채모(12)군이 채 전 총장의 아들이 맞다고 결론 내렸다. 그러나 채군의 개인정보를 불법으로 조회 · 취득한 청와대 관계자들에 대해서는 무혐의 처분했다. 개인정보 불법 수집 등 채 전 총장의 뒷조사와 관련한 윗선을 밝히지 못한 채 청와대의 주장을 그대로 받아들인 '면죄부 수사'라는 비판이 일고 있다.
(서울신문, 2014년 5월 8일, 檢 "채동욱 혼외자 맞다… 靑 개인정보 조회는 정당한 감찰")

한겨레의 프레임은 진상규명 4건과 사건공시 2건이다. 진상규명 프레임으로 분류되는 기사에는 검찰이 발표한 수사결과에 대한 강한 비판이 담겼다.

진상규명: 사찰 · 개인정보 프레임
청와대가 껄끄러운 채 전 총장을 '찍어내기' 위해 조직적으로 불법 뒷

조사를 벌였다는 의혹에 대해, 검찰은 '정당한 감찰 활동'이라며 무혐의 처분했다. 〈조선일보〉가 권력 주변에서 정보를 전달받아 혼외아들 문제를 보도했다는 의혹도 불기소 처리했다. 대신 검찰은 채아무개군이 채 전 총장의 혼외아들이 맞다고 사실상 확인했다. 채군의 어머니는 변호사법 위반 혐의로 불구속 기소, 채군 계좌에 돈을 보낸 채 전 총장의 고교동창은 횡령 혐의로 구속 기소했다. 검찰이 어느 쪽에 칼날을 들이대고 어느 쪽엔 눈을 감았는지가 확연히 드러난다.

(한겨레, 2014년 5월 8일, [사설] '채동욱 찍어내기'에 발맞춘 검찰 수사)

5. 시기별 프레임 분포

1) 1기(2013.9.6~2013.9.28)

1기엔 사건공시 프레임이 155건 중 44건(28.4%)으로 가장 많이 나타났다. 1기는 채동욱 전 검찰총장의 혼외자 의혹이 제기돼 사실 공방이 치열했던 시점이다. 이 시기 사건공시 프레임을 사용한 조선일보, 서울신문, 한겨레의 기사는 각각 13건, 15건, 16건으로 엇비슷했다.

그 다음 많은 것은 문제정의(39건, 25.2%) 프레임이다. 한겨레가 24건으로 압도적으로 많은 것은 혼외자 의혹 사건을 국가기관이 개입한 정치공작 사건으로 간주하고 이를 해설·분석하는 기사를 많이 쏟아냈기 때문이다. 서울신문은 9건, 조선일보는 6건이다.

원인진단 프레임은 24건(15.5%)이다. 서울신문과 한겨레의 보도 건수가 각각 9건, 10건으로 비슷하고 조선일보가 5건으로 가장 적다. 이 또한 사건에 대한 관점 차이에서 비롯된 것으로 보인다. 서울신문과 한겨레는 혼외자 의혹 사건의 원인을 '검찰 흔들기' '검찰총장 찍어내기'로 규정했다. 따라서 '개인 비리'로 규정한 조선일보보다 할 얘기가 많을 수밖에 없었던 것이다.

진상규명 프레임은 20건(12.9%)의 기사에서 나타났다. 원인진단 프레임과 반대로 조선일보가 11건으로 가장 많고, 한겨레는 7건, 서울신문은 2건뿐이다. 조선일보가 혼외자 의혹의 진상규명에 적극적이었던 데 비해 나머지 두 신문은 여기에 큰 의미를 부여하지 않았던 것도 한 원인이다.

진상규명 프레임

임씨가 "미혼모가 아이를 키운다는 것은 참으로 어려운 일"이라면서도 "식구들에게조차 다른 추궁을 받지 않기 위해 (채동욱 총장이 아이 아빠라고) 사실인 것처럼 얘기해왔다"고 말한 부분은 '과연 현실적으로 가능한 일인가'라는 의문을 불러일으킨다. 식구들에게조차 10년 넘게 거짓말을 해야 할 정도로 두려워한 '다른 추궁'이 무엇인지도 납득하기 어렵다.[93]

갈등 프레임으로 분류된 기사는 14건(9.0%)이다. 진상규명 프레임처럼 조선일보가 9건으로 가장 많다. 이는 조선일보가 혼외자 의혹 이슈를 주도하는 처지에서 법조계 안팎의 견해와 정치권 공방을

---

93 김은정, "임씨, '식구에게도 '蔡총장이 아이 아버지'라고 얘기'", 「조선일보」, A3면, 2013.9.11.

자주 다뤘기 때문이다. 서울신문과 한겨레는 각각 2건, 3건에 지나지 않았다.

언론윤리 프레임이 가장 많이 나타난 신문은 한겨레로 전체 14건(9.0%) 중 9건이다. 한겨레는 내부 기자는 물론 외부 필자를 여러 차례 동원해 조선일보의 취재윤리와 보도 과정의 문제점을 지적했다. 조선일보는 4건, 서울신문은 한 건에 그쳤다. 서울신문의 보도 건수가 적은 것은 비록 혼외자 의혹 사건에 대한 문제정의와 원인진단 면에서는 한겨레와 시각이 비슷하지만, 언론윤리까지 거론할 성질은 아닌 사안으로 판단했기 때문으로 보인다.

2) 2기(2013.9.29~2013.11.25)

2기는 청와대가 사표를 수리함에 따라 채 전 총장이 사퇴하고 내연녀로 지목된 임씨 집 가정부였던 이씨가 TV조선 인터뷰를 통해 채 전 총장과 임씨 모자의 관계를 폭로한 시점이다.

사건공시 프레임이 전체 50건 중 14건(28%)으로 가장 많이 나타났다. 한겨레가 8건으로 가장 많고, 조선일보와 서울신문이 각각 4건, 2건이다. 한겨레에 사건공시 프레임이 많은 것은 채 전 총장 퇴임과 관련된 내용과 TV조선 보도에 대한 공방을 다룬 기사가 많기 때문이다.

문제정의 프레임은 8건(16%)인데, 이 중 6건이 한겨레 기사다. 채 전 총장 사퇴의 정치적 의미와 배경에 대한 해설·분석 기사가 많았기 때문이다. 조선일보와 서울신문은 한 건씩이다.

원인진단 프레임은 9건(18%)으로 드러났다. 서울신문이 6건으로 가장 많다. 조선일보는 없고, 한겨레가 3건이다. 서울신문은 채 전 총장의 사퇴로 검찰의 독립성이 훼손되고 정치적 중립성이 무너졌다며 청와대와 법무부를 비판했다. 한겨레보다 보도 건수가 많은 것은 같은 사안에 대한 한겨레 기사들 중에는 원인진단 프레임보다 문제 정의 프레임이 많기 때문이다.

진상규명 프레임으로 분류된 기사는 3건(6%)뿐이다. 조선일보가 2건, 한겨레가 한 건, 서울신문은 없다. 이 시기 기사 중 진상규명 프레임이 적은 것은 혼외자 의혹이 제기된 1기, 불법 개인정보 유출이 이슈가 된 3기와 달리 조선일보와 한겨레가 치열하게 공방을 벌일 일이 없었기 때문이다. 조선일보 기사 2건은 가정부의 폭로와 관련된 내용이고, 한겨레 기사는 청와대가 진상규명이 이뤄지지 않은 상태에서 채 전 총장의 사표를 수리한 것을 비판하는 내용이다.

갈등 프레임으로 볼 수 있는 기사는 11건(22%)이다. 조선일보가 2건으로 가장 적고, 서울신문과 한겨레는 각각 5건, 4건으로 비슷하다. 서울신문과 한겨레 기사는 채 전 총장 사퇴를 둘러싼 정치권의 공방을 다뤘다.

언론윤리 프레임에 해당하는 기사는 5건. 이 중 4건이 한겨레 기사이고, 조선일보는 한 건, 서울신문은 전혀 없다. 한겨레는 1기 때보다 더 날선 필치로 조선일보의 보도 태도를 힐난했다.

언론윤리 프레임

수개월째 거듭되는 대화록 공방에서 보듯이 지금 정국 주도권은 국정원을 앞세운 박근혜 정부가 틀어쥐고 있다. 그러나 권력 깊은 곳에서 이뤄지는 음모도 언젠간 드러나기 마련이다. 그때 권력에 놀아난 '공작 언론'의 뒷모습을 보는 건 참담한 일이다.[94]

시기별 프레임 분포

프레임	1기 2013.9.6~ 2013.9.28			2기 2013.9.29~ 2013.11.25			3기 2013.11.26~ 2014.2.4			4기 2014.2.5~ 2014.5.9			합계
	조선	서울	한겨레	조선	서울	한겨레	조선	서울	한겨레	조선	서울	한겨레	
사건 공시	13	15	16	4	2	8	5	19	15	10	4	5	116 (35.3%)
	44(28.4%)			14(28%)			39(52%)			19(38.8%)			
문제 정의	6	9	24	1	1	6	0	0	2	1	0	1	51 (15.5%)
	39(25.2%)			8(16%)			2(2.7%)			2(4.1%)			
원인 진단	5	9	10	0	6	3	0	2	0	0	0	0	35 (10.6%)
	24(15.5%)			9(18%)			2(2.7%)			0			
진상 규명	11	2	7	2	0	1	3	4	20	6	2	15	73 (22.2%)
	20(12.9%)			3(6%)			27(36%)			23(46.9%)			
갈등	9	2	3	2	5	4	0	3	2	0	0	0	30 (9.1%)
	14(9.0%)			11(22%)			5(6.6%)			0			
언론 윤리	4	1	9	1	0	4	0	0	0	1	0	4	24 (7.3%)
	14(9.0%)			5(10%)			0			5(10.2%)			
합계	48	38	69	10	14	26	8	28	39	18	6	25	329 (100%)
	155(100%)			50(100%)			75(100%)			49(100%)			

94 김이택, "[아침 햇발] 언론 공작, 공작 언론", 「한겨레」, 31면, 2013.10.11.

나아가 TV조선의 가정부 인터뷰 내용을 그대로 받아 메인뉴스 시간에 방송한 KBS의 방송윤리까지 문제 삼았다. 반대로 조선일보는 다른 언론들의 보도 태도에 대해 "음모론을 창작하는 걸로 시종했다"고 싸잡아 비판했다.

3) 3기(2013.11.26~2014.2.4)

3기에선 혼외자 관련 불법 개인정보 유출이 큰 이슈였다. 서초구청에서 이뤄진 개인정보 유출에 청와대 행정관과 국정원 직원이 개입한 사실이 드러나자 한겨레는 엄청난 화력을 쏟아부었다. 서울신문은 표현의 강도가 한겨레만큼 세지는 않았지만 동일한 관점에서 검찰 수사상황을 적극적으로 보도하면서 불법 사찰 의혹을 제기했다.

전체 75건 중 사건공시 프레임이 39건(52%)으로 가장 많다. 서울신문이 19건으로 가장 많이 나타났고, 한겨레가 15건, 조선일보는 5건에 그쳤다. 서울신문 기사가 오히려 한겨레보다 많은 것은, 한겨레의 경우 사건공시보다 진상규명 프레임으로 분류되는 기사가 많기 때문이다.

문제정의와 원인진단 프레임은 조선일보 기사에선 발견되지 않았다. 문제정의 프레임은 한겨레에서만 2건(2.7%), 원인진단 프레임은 서울신문에서만 2건(2.7%)이 나타났다.

사건공시 프레임 다음으로 많았던 진상규명 프레임은 한겨레 기사에서 대량 발견됐다. 전체 27건(36%) 중 20건이 한겨레 보도다. 조선일보와 서울신문은 각각 3건, 4건이다.

진상규명 프레임

검찰은 지난해(2014년) 6월 비슷한 시점에 국정원과 청와대가 채군 관련 정보를 확인하려 한 사실에 주목하고 있다. 국정원이 청와대 쪽 정보와 기류를 감지해 독자적으로 움직였을 수도 있지만. 청와대 또는 제3자의 지시 아래 국정원이 나섰을 가능성도 배제할 수 없다.[95]

갈등 프레임은 5건(6.6%). 조선일보는 없고, 서울신문과 한겨레가 각각 3건, 2건이다. 언론윤리 프레임은 어느 신문에서도 나타나지 않았다.

4) 4기(2014.2.5~2014.5.9)

4기의 주요 이슈는 채군 계좌 송금과 청와대 4개 비서관실 개입이다. 이 시기 조선일보는 채군 계좌 송금 사실을 크게 다루면서 혼외자 의혹의 진상을 재조명했고, 한겨레는 이를 외면하는 한편 청와대 비서관실의 조직적 개입을 대립적 이슈로 부각하려 애썼다. 서울신문은 한겨레와 비슷한 논조를 유지했지만, 보도 건수는 현저히 줄어들었다.

총 49건 중 19건(38.8%)이 사건공시 프레임으로 분류됐다. 가장 많이 나타난 신문은 조선일보로 10건이다. 서울신문과 한겨레는 각

95 이정연·서영지·정환봉, "'채동욱 찍어내기'에 국정원 가담했나", 「한겨레」, 2면, 2014.1.6.

각 4건, 5건이다. 조선일보는 채군 계좌 송금 사실과 삼성 관련 의혹, 관련자에 대한 검찰 수사내용을 상세히 보도했다. 이에 대해 서울신문과 한겨레는 큰 의미를 두지 않는다는 투로 간략히 보도했다.

문제정의(2건, 4.1%) 프레임은 조선일보와 한겨레에서 한 건씩 나타났고, 서울신문은 없었다.

원인진단 프레임은 세 신문 모두에서 전혀 나타나지 않았다.

진상규명 프레임은 23건(46.9%) 중 15건이 한겨레 기사다. 한겨레는 청와대 비서관실의 조직적 개입 의혹에 대한 검찰 수사 내용을 자세히 전하는 한편 수사팀 교체와 청와대 관계자 소환 불응 등의 이유로 검찰 수사가 제대로 이뤄지지 않는다고 지적했다. 아울러 청와대의 '거짓 해명'을 부각했다. 또한 검찰이 발표한 수사결과에 대해서도 "청와대의 불법 사찰 의혹을 덮었다"는 이유로 강하게 비판했다. 조선일보는 6건, 서울신문은 2건에서 이 프레임이 나타났다.

> **진상규명 프레임**
> 수사결과의 가장 큰 문제점은 수사기관이 아닌 청와대 민정수석실의 뒷조사를 무턱대고 합법적 감찰로 규정한 대목에 있다. 민정수석실 특별감찰반은 지난해 6월 24일~7월 2일 채군과 어머니 임아무개(55)씨의 주민등록번호와 학적부 내용 등 개인정보를 수집했다. 임씨가 채 전 총장의 부인 행세를 하며 형사사건과 관련해 돈을 받는다는 의혹을 확인하기 위해서였다는 게 검찰의 설명이다. 민정수석실은 이를 확인한다며 특별감찰 기능이 없는 교육문화수석실과 고용복지수석실까지

동원했다.[96]

이 시기 갈등 프레임은 세 신문 모두 사용하지 않았다.

언론윤리 프레임은 역시 한겨레에서 많이 나타났다. 5건(10.2%) 중 4건이 한겨레 기사다. 나머지 한 건은 조선일보 기사. 한겨레는 '사생활 캐기' '청부 보도' 따위의 표현으로 조선일보의 보도 태도를 거칠게 비판하면서[97] 한국신문협회가 이 사건을 보도한 조선일보에 한국신문상을 준 데 대해 깊은 유감을 나타냈다. 반면 조선일보는 다른 언론들을 "본지와 검찰의 싸움을 지켜보는 '구경꾼'에 가까웠다"고 비판했다.[98]

‖‖‖‖‖‖‖‖‖‖‖‖‖‖‖
96 김원철, "첩보 입수경위 확인 못한 채…청와대에 '합법 감찰' 면죄부", 「한겨레」, 12면, 2014.5.8.
97 정석구, "'용기 있는' 조선일보에 바란다", 「한겨레」, 34면, 2014.3.27.
98 최재훈·김지섭, "탈선 권력에 용기 있는 비판… 이것이 언론本領", 「조선일보」, A8면, 2014.3.26.

WHICH SIDE ARE YOU ON?

달라도
너무 달랐다

달라도 너무 달랐다

한국 언론의 정파성이 두드러지기 시작한 것은 1997년 15대 대통령 선거 때부터다. 이후 김대중 정부와 노무현 정부, 이명박 정부를 거치며 이념 지향성이 다른 보수·진보언론은 우리 사회 여론을 양분해왔다. 보수언론을 대표하는 조선일보와 진보언론의 구심점인 한겨레는 같은 사안에 대해 상반된 논조로 각자의 진실을 추구해왔다.

2013년 9월 발생해 2014년 5월 일단락된 채동욱 전 검찰총장 혼외자 의혹 사건이 대형 정치적 사건으로 비화하고 공직자의 사생활 문제로는 유례없이 격렬한 논쟁을 일으킨 데는 두 신문의 프레임전쟁이 한몫했다.

이 책에선 이 사건에 대한 조선일보와 한겨레 기사의 프레임 분석을 통해 언론의 정치적 이념이나 성향이 실제 보도 과정에 어떻게 구현되는지를 살펴봤다. 이는 언론의 정파적 보도가 논쟁적인 여론 형성에 어떤 영향을 끼치는지를 살펴보는 것과도 관계가 있다. 이념 성향이 뚜렷하지 않은 서울신문을 분석 대상에 포함시킨 것은 '중립적 관점'에서 보수언론과 진보언론의 편향성을 가늠해보기 위해서였다.

1차 프레임은 사건공시, 문제정의, 원인진단, 진상규명, 갈등, 언론윤리 6가지로 설정했다. 사건공시와 원인진단 프레임은 서울신문에서 가장 높은 비율로 나타났고, 문제정의와 언론윤리 프레임 비율은 한겨레가 가장 높았다. 진상규명 프레임의 경우 조선일보와 한겨레의 비율이 엇비슷했다. 정치권 공방을 다룬 갈등 프레임 비율은 조선일보에서 높게 나타났다.

2차 프레임 분석 결과 조선일보와 한겨레는 사건 초기부터 종료 시점까지 한결같이 대립적인 프레임을 사용했음이 드러났다. 조선일보는 도덕성 / 알 권리 / 개인비리 / 친자 / 금전거래 / 본령·용기 프레임을 구축했고, 한겨레는 정치공작 / 사생활 / 검찰 흔들기 / 사찰·개인정보 / 인권·정도 프레임을 사용했다. 두 신문의 프레임은 상호 배타적으로 나타났다. 이를테면 도덕성 프레임이나 알 권리 프레임의 경우 한겨레에서는 전혀 나타나지 않았고, 정치공작 프레임이나 사생활 프레임은 조선일보에서는 찾아볼 수 없었다.

기사 유형을 스트레이트, 분석·해설, 칼럼·기고, 사설, 인터뷰 5가지로 분류한 결과, 조선일보는 객관성을 띠는 스트레이트 기사의 비중이 가장 컸고, 한겨레는 주관성이 돋보이는 분석·해설 기사가 가장 많았다. 서울신문은 조선일보처럼 스트레이트의 비중이 분석·해설 기사보다 컸다. 이는 서울신문이 논조와는 별개로 형식면에선 주관성을 배제하고 객관성을 유지했음을 뜻한다.

조선일보는 혼외자 의혹의 진상규명에 집중한 반면, 한겨레는 사건의 이면, 즉 청와대나 국정원 등 국가기관의 불법 사찰 의혹을 밝히는 데 주력했다. 두 가지 의혹을 다 규명해야 한다는 논조를 띤 서울신문은 형식적으로는 객관성과 중립성을 갖췄으나 내용적으로는 한겨레와 가까웠음이 프레임 분석을 통해 드러났다. 이는 조선일보를 제외한 대부분의 언론이 혼외자 의혹 못지않게 국가기관의 불법 사찰 의혹에 깊은 관심을 가졌던 사실과 연결된다.

조선일보와 한겨레는 사실 보도 혹은 진실 보도와 별개로 정파성에 따른 편향성을 드러냈다. 특히 사건의 변곡점인 7가지 이슈(법무부 감찰, 채동욱 사퇴, 가정부 폭로, 서초구청 정보 유출 및 청와대 행정관 연루, 채군 계좌 송금, 청와대 4개 비서관실 개입, 검찰 수사결과 발표)와 관련된 기사를 분석한 결과 두 신문의 편향성이 뚜렷이 나타났다. 예컨대 서초구청 정보 유출 및 청와대 행정관 연루 이슈의 경우 사건공시 프레임의 비율이 가장 높았는데, 한겨레는 12건, 조선일보는 단 한 건에 그쳤다(서울신문 18건).

이 같은 편향성은 기사 빈도 비교를 통해서도 확인할 수 있었다. 예컨대 채군 계좌 송금 이슈의 경우 조선일보는 8건을 보도한 반면 한겨레 기사는 3건에 그쳤다(서울신문 3건). 반면 청와대 4개 비서관실 개입 이슈의 경우 한겨레가 9건을 보도하는 동안 조선일보는 한 건만 실었다(서울신문 2건). 자사의 프레임에 맞는 이슈에 대해선 적극적으로 보도하고, 맞지 않는 이슈에 대해선 소극적으로 보도하거나 외면한 사실이 통계적 수치로 확인된 것이다.

이 같은 결과는 기존에 조선일보와 한겨레 기사를 대상으로 프레임 분석을 시도했던 유사 연구들과 맥락을 같이 한다. 엔트만이 정의한 프레이밍 이론을 적용해 말하자면, 조선일보는 '혼외자 의혹'은 '부각'하고, '불법 사찰 의혹'은 '배제'한 셈이다. 반대로 한겨레는 '불법 사찰 의혹'은 '부각'하고 '혼외자 의혹'은 '배제'했다. 한 공직자의 사생활 의혹에 대한 진실과 그것이 갖는 사회적 의미가 언론의 정파성에 따라 이중성을 띠게 된 것이다. 이 과정에 조선일보가 이명박 정부 때 이만의 당시 환경부 장관의 혼외자 의혹을 보도했던 언론에 대해 '사생활' 프레임을 사용해 비난했던 점이 화제가 되기도 했다.

정파성에서 비롯된 언론의 논조 차이, 혹은 편향성은 보수와 진보 진영의 이념적 대립 구도를 반영한 것이기도 하다. 국정원 댓글사건에 대해 '채동욱 검찰'이 정치적 수사를 한다고 못마땅해 한 보수 진영에서는 혼외자 의혹에 대해 엄격한 도덕성 잣대를 들이대면서 사퇴 여론을 조성했다. 반대로 채 전 총장을 정치공작의 희생양으로 간주한 진보 진영에서는 혼외자 의혹의 사실 여부에 대해 애써 외면하거나 무시했다. 정치권의 여야 공방도 같은 맥락이었다.

언론의 프레임전쟁은 이러한 갈등적 논쟁을 부추기거나 확대하는 구실을 했다. 언론과 여론이 상호 영향을 끼치는 관계임을 감안하면, 각각 보수와 진보를 대변하는 조선일보와 한겨레의 상반된 프레임 구축은 채 전 총장 혼외자 의혹 사건에 대한 국민 여론이 둘로 갈라지는 데 상당한 영향을 끼쳤다고 추론할 수 있겠다. 같은 사건이라도 언론의 프레임에 따라 대중의 생각이나 판단이 달라진다는 사실은 다수의 기존 연구에서 확인된 바 있다. 이 책의 연구 결과 역시 그 같은 개연성을 보여준다. 5가지 질문에 대한 연구 결과를 요약하면 다음과 같다.

1. 채동욱 전 검찰총장 혼외자 의혹에 대한 언론사별 기사 유형은 어떻게 다른가.

기사 유형은 스트레이트, 해설·분석, 칼럼·기고, 사설, 인터뷰 5가지로 분류했다. 조선일보, 서울신문, 한겨레 세 신문의 기사 유형을 분석한 결과 스트레이트가 150건으로 절반에 가까웠다(45.6%). 이어 해설·분석 110건(33.5%), 칼럼·기고 34건(10.3%), 사설 31건(9.4%), 인터뷰 4건(1.2%) 순이었다.

조선일보(84건)는 스트레이트(45건, 53.6%)의 비중이 가장 높았고 그 다음이 해설·분석(22건, 26.2%)이었다. 반대로 한겨레(159건)

는 해설·분석(66건, 41.5%)의 비중이 스트레이트(55건, 34.6%)보다 컸다. 서울신문(86건)은 조선일보와 마찬가지로 스트레이트(50건, 58.1%)의 비중이 해설·분석(22건, 25.6%)보다 높았다. 조선일보와 서울신문은 사건 내용을 단순히 알리는 객관 보도 형식을 띠었고 한겨레는 사건에 대한 분석과 해설이 중심을 이루는 주관 보도에 주력했음을 알 수 있다.

칼럼·기고의 비중이 가장 높은 신문도 한겨레(20건, 12.6%)였다. 조선일보는 8건(9.5%), 서울신문은 6건((7.0%)이었다. 한겨레는 외부 필자와 내부 필자의 기사가 각각 10건으로 같은 비중을 차지한 반면 조선일보는 외부 필자의 글이 한 건밖에 없었다. 조선일보는 혼외자 의혹 제기의 정당성을 내부 논리로 끌고 간 반면 한겨레는 혼외자 의혹 제기의 부당성을 비판하기 위해 외부 논리를 적극적으로 끌어들였다는 해석이 가능하다. 서울신문은 조선일보처럼 한 건만이 외부 필자의 글이었다.

사설의 비중은 세 신문이 비슷했다. 조선일보 7건(8.3%), 서울신문 8건(9.3%), 한겨레 16건(10.0%)이었다. 인터뷰 기사는 조선일보와 한겨레가 각각 2건(2.4%, 1.3%)이고 서울신문은 한 건도 없었다.

2. 채동욱 전 검찰총장 혼외자 의혹에 대한
   언론사별 기사 빈도는 시기에 따라 어떻게 다른가.

채동욱 전 총장 혼외자 의혹에 대한 언론 보도가 시기에 따라 어떻게 달라졌는지를 살펴보려 분석 기간을 4기로 나눴다.

1기는 조선일보의 첫 보도가 나온 2013년 9월 6일부터 청와대가 채 전 총장의 사표를 수리한 2013년 9월 28일까지다. 전체 329건 중 155건(47.1%)이 1기에 몰렸다.

2기는 2013년 9월 29일부터 혼외자로 추정된 채모 군의 개인정보가 서초구청을 통해 유출된 사실이 확인되기 직전인 2013년 11월 25일까지다(50건, 15.2%).

3기는 서초구청에 대한 검찰 수사 내용이 확인된 2013년 11월 26일부터 채 전 총장과 내연녀로 지목된 임씨의 금전거래 의혹이 불거지기 직전인 2014년 2월 4일까지다(75건, 22.8%).

4기는 채 전 총장의 고교 동창이 임씨에게 거액을 송금했다는 사실이 확인된 2014년 2월 5일부터 검찰이 수사결과를 발표한 직후인 2014년 5월 9일까지다(49건, 14.9%).

조선일보는 사건 발생 초기인 1기에 가장 많은 기사를 내보냈다(48건, 57.2%). 이후 2기(10건, 11.9%), 3기(8건, 9.5%)에선 빈도가 낮아졌다가 4기에 다시 높아졌다(18건, 21.4%). 이는 이 사건을 개인비리로 규정한 조선일보가, 한겨레가 주도적으로 제기한 정치공작 또는 불법 사찰 의혹에 대해선 별 관심이 없거나 의도적으로 무시한 것으로 해석된다.

4기에 조선일보 기사가 늘어난 것은 채 전 총장과 임씨 사이의 금전거래 의혹이 제기되고, 임씨의 산부인과 병원 기록에서 채 전 총장의 필체로 보이는 '보호자 동의서' 서명이 발견되는 등 혼외자 의혹을 뒷받침하는 정황증거가 다수 포착됐기 때문이다.

한겨레 역시 1기(69건, 43.4%)에 가장 많은 기사를 내보냈으나, 전체 기사에서 차지하는 비중은 조선일보보다 낮았다. 대신 2기(26건, 16.4%)와 3기(39건, 24.5%)의 비중이 조선일보보다 높았다. 특히 3기 기사 수가 크게 증가한 것은 이 시기에 서초구청의 개인정보 유출과 청와대 행정관의 연루 사실이 확인돼 이 사건을 '정치공작' 혹은 '불법 사찰'로 규정한 한겨레의 프레임에 힘이 실렸기 때문이다.

흥미로운 것은 서울신문의 3기(28건, 32.5%) 기사 비중이 한겨레보다 컸다는 점이다. 이는 조선일보를 제외한 대부분의 언론이 이 시기에 서초구청의 개인정보 유출과 청와대의 사찰 의혹에 큰 관심을 나타냈던 사실과 맥락이 닿는다.

세 신문의 기사 빈도는 채 전 총장과 임 여인의 특수 관계를 뒷받침하는 정황증거가 새로 발견된 4기에서는 정반대로 나타났다. 분량으로는 한겨레(25건, 15.7%)가 가장 많았으나 비중은 조선일보(18건, 21.4%)가 가장 컸다. 서울신문(6건, 7.0%)의 기사 빈도는 매우 낮았다.

3. 채동욱 전 검찰총장 혼외자 의혹에 대한
언론사별 프레임은 어떤 차이를 보이는가.

채동욱 전 검찰총장 혼외자 의혹 사건에 대한 언론 보도 프레임을 사건공시, 문제정의, 원인진단, 진상규명, 갈등, 언론윤리 6가지로 분류했다.

세 신문 모두에서 가장 많이 나타난 프레임 유형은 사건공시(116건, 35.3%)였다. 분량으로는 한겨레(44건), 서울신문(40건), 조선일보(32건) 순이다. 하지만 전체 기사에서 차지하는 비중으로 따지면 서울신문(46.5%)이 조선일보(38.1%)와 한겨레(27.7%)보다 앞선다.

사건의 성격을 규정하는 문제정의(51건, 15.5%) 프레임의 빈도와 전체 기사에서 차지하는 비중은 한겨레(33건, 20.7%), 서울신문(10건, 11.6%), 조선일보(8건, 9.5%) 순이었다.

2차 프레임 분포를 보면, 조선일보와 한겨레가 대조적인 프레임을 사용했음이 확연히 드러난다. 조선일보는 도덕성(6건)과 알 권리(2건) 프레임을, 한겨레는 정치공작(28건)과 사생활(5건) 프레임을 사용했다. 서울신문 기사에선 도덕성(4건), 정치공작(5건), 사생활(1건) 프레임이 골고루 나타났다.

원인진단(35건, 10.6%) 프레임은 서울신문(17건, 19.8%)이 가장 많이 활용했다. 한겨레는 13건(8.2%), 조선일보는 5건(6.0%)이었다. 2차 프레임으로 분류하면 조선일보 기사는 모두 개인 비리, 한겨레는 모두 검찰 흔들기 프레임이다. 서울신문의 프레임은 한겨레와 일치했다.

진상규명(73건, 22.2%) 프레임이 가장 많이 나타난 매체는 한겨레(43건, 27.0%)다. 조선일보가 22건(26.2%), 서울신문이 8건(9.3%)이다. 2차 프레임으로 세분하면, 조선일보는 친자(17건) 프레임이 가장 많았다. 이어 금전거래(3건), 사찰·개인정보(2건) 프레임이 발견됐다. 반대로 한겨레는 사찰·개인정보(40건) 프레임이 대다수였고, 친자 프레임과 금전거래 프레임은 각각 2건, 한 건에 지나지 않았다. 서울신문은 사찰·개인정보 프레임이 6건이고, 친자, 금전거래 프레임은 한 건씩뿐이었다.

이 사건을 둘러싼 정치권과 법조계 안팎의 공방을 다룬 갈등(30건, 9.1%) 프레임의 빈도는 세 신문 모두 비슷하게 나타났다. 조선일보 11건(13.1%), 서울신문 10건(11.6%), 한겨레 9건(5.7%)이었다.

언론윤리 프레임 역시 조선일보와 한겨레는 대조적이었다. 조선일보는 6건(7.1%), 한겨레는 17건(10.7%)을 게재했으며, 서울신문은 한 건(1.2%)에 그쳤다. 2차 프레임 분포를 보면, 조선일보는 본령·용기 프레임이 5건, 인권 프레임이 한 건이었다. 반면 한겨레는 정도 프레임(15건)이 압도적으로 많았고, 인권 프레임이 2권 나타났다. 서울신문은 정도 프레임 하나였다.

4. 채동욱 전 검찰총장 혼외자 의혹에 대한 기사 빈도와 프레임은 이슈별로 어떻게 다른가.

필자는 채동욱 전 검찰총장 혼외자 의혹 사건에 대한 언론 보도에 큰 영향을 끼친 이슈로 7가지를 선정했다. 법무부 감찰·진상조사, 채동욱 사퇴, 가정부 폭로, 서초구청 정보 유출 및 청와대 행정관 연루, 채군 계좌 송금, 청와대 4개 비서관실 개입, 검찰 수사결과 발표다.

1) 이슈별 기사 빈도

이슈별 기사 빈도를 살펴본 결과 각 신문이 사건 초기 설정한 프레임과 밀접한 관련이 있다는 사실이 드러났다. 즉 프레임에 맞는 이슈에 대해선 적극적, 맞지 않는 이슈에 대해선 소극적인 보도 태도를 보인 것이다.

먼저 법무부 감찰·진상조사와 관련해선 세 신문의 기사 비중이 엇비슷했다. 모두 80건인데, 한겨레(35건, 43.7%), 서울신문(25건, 31.3%), 조선일보(20건, 25%) 순으로 나타났다.

채동욱 사퇴와 관련해선 모두 24건이 게재됐다. 한겨레(13건, 54.2%)가 가장 많고, 서울신문이 8건(33.3%), 조선일보는 3건(12.5%)에 그쳤다. 한겨레 기사가 많은 것은 채 전 총장 사퇴에 대한 해설 또는 분석 기사를 많이 실었기 때문이다.

채 전 총장의 내연녀로 지목된 임씨의 전 가정부 이씨의 폭로와 관련해선 정반대 양상을 띠었다. 조선일보가 15건 중 9건(60%)으로 절반을 넘었고, 한겨레는 5건(33.3%), 서울신문은 한 건(6.7%)만 보도했다.

조선일보의 적극적 보도 태도는 서초구청 정보 유출 및 청와대 행정관 연루 사실에 대해선 다시 소극적으로 바뀐다. 총 64건의 기사 중 3건(4.7%)에 지나지 않는다. 반대로 한겨레는 이를 불법 사찰의 유력한 증거로 간주하며 35건(54.7%)의 기사를 쏟아냈다. 서울신문 역시 26건(40.6%)의 기사를 게재하며 큰 관심을 나타냈다.

채 전 총장의 고교 동창인 이모 씨가 '혼외자' 채모 군 계좌로 두 차례에 걸쳐 2억 원을 송금한 사실이 확인된 사실에 대해선 조선일보가 전체 14건 중 8건(57.2%)을 보도하며 가장 적극적인 태도를 보였다. 한겨레와 서울신문은 각각 3건(21.4%)에 그쳐 대조를 이뤘다.

청와대 4개 비서관실이 조선일보 보도 전에 이미 혼외자 정보 수집에 나섰던 사실이 밝혀지자 이번엔 한겨레가 융단폭격을 한다. 전체 12건 중 9건(75%)이 한겨레 기사다. 서울신문은 2건(16.7%), 조선일보는 한 건(8.3%)에 그쳤다.

마지막 이슈인 검찰의 수사결과 발표에 대해선 조선일보와 한겨레가 동일한 비중으로 다뤘다. 전체 13건 중 각각 6건(46.2%)씩 보도한 것. 조선일보는 자사 보도가 사실로 확인됐다는 점을 강조했고, 한겨레는 청와대의 사찰 의혹이 제대로 규명되지 않았다며 검찰 수사를 비판하는 데 주안점을 뒀다. 채 전 총장과 임씨의 금전거래 의혹이 제기된 후 이 사건에 대한 보도 비중을 크게 줄인 서울신문은 수사결과 발표에 대해서도 한 건(7.6%)의 기사만 실었다.

2) 이슈별 프레임 분포

법무부 감찰(80건)에 대해선 6개 프레임 중 사건공시와 문제정의 프레임이 각각 23건(28.8%)으로 가장 많이 나타났다. 조선일보의 경우 사건공시(6건) 프레임이 가장 많았다. 서울신문은 원인진단 프레임이 6건으로, 조선일보(2건)나 한겨레(4건)보다 많은 것이 이채롭다. 한겨레는 사건공시(6건)보다 문제정의 프레임(15건)이 훨씬 많았다.

조선일보에 사건공시 프레임이 많은 건 감찰 내용을 그대로 전해주는 것만으로도 메시지 효과가 충분하다고 판단했기 때문으로 보인다. 한겨레에 문제정의 프레임이 많다는 것은 감찰 관련 사실을 단순히 알리는 데 그치지 않고 감찰의 의미와 배경을 분석하거나 해설하는 기사가 많았음을 뜻한다.

채동욱 사퇴(24건)와 관련해선 갈등 프레임(7건, 29.2%)이 가장 많았다. 그 다음 사건공시(6건, 25%), 원인진단(5건, 20.8%) 순이었다. 조선일보는 사건공시와 문제정의, 갈등 프레임을 각각 한 건씩 사용했다. 서울신문은 전체 8건 중 4건에서 갈등 프레임을 구사했다. 한겨레 기사에선 사건공시와 문제정의, 원인진단 프레임이 각각 3건씩 나타났다.

가정부 폭로(15건)에 대해선 사건공시 프레임(10건, 66.7%)이 가장 많았다. 그 다음이 진상규명 프레임(3건, 20%)인데, 모두 조선일보 기사다.

서초구청의 개인정보 유출 및 청와대 행정관 연루(64건)에 대해선 사건공시(31건, 48.4%) 프레임이 가장 많았다. 서울신문과 한겨레가 각각 18건, 12건이고, 조선일보는 한 건뿐이었다. 진상규명(27건, 42.2%) 프레임이 두 번째로 많았는데, 한겨레(21건)가 압도적으로 많고, 서울신문은 4건, 조선일보는 2건에 그쳤다.

계좌 송금(14건) 이슈에선 사건공시(11건, 78.6%)와 진상규명(3건, 21.4%) 프레임밖에 안 나타났다. 두 프레임 모두 조선일보 기사에서 가장 많이 나타났다. 조선일보는 사건공시 프레임으로 6건, 진상규명 프레임으로 2건의 기사를 게재했다.

청와대 4개 비서관실 개입(12건) 이슈는 진상규명 프레임으로 많이 다뤄졌다. 역시 한겨레에서 압도적으로 많이 나타났다. 한겨레 기사는 진상규명 프레임 8건, 사건공시 프레임 한 건 모두 9건이었다. 이에 비해 조선일보는 사건공시 프레임의 기사 한 건만 게재했다. 서울신문은 사건공시 프레임과 진상규명 프레임이 한 건씩이었다.

마지막 이슈인 검찰의 수사결과 발표(13건)에 대한 보도 프레임도 진상규명(9건, 69.2%)이 많았다. 이어 사건공시(3건, 23.1%), 문제정의(1건, 7.7%) 순으로 나타났다. 진상규명 프레임의 경우 조선일보와 한겨레는 보도 건수는 동일했으나 관점은 대조적이었다.

5. 채동욱 전 검찰총장 혼외자 의혹에 대한
   언론 보도 프레임은 시기별로 어떻게 다른가.

혼외자 의혹이 제기된 1기에선 사건공시(44건, 28.4%)와 문제정의
(39건, 25.2%) 프레임이 비슷한 비율로 나타났다. 이어 원인진단
(24건, 15.5%), 진상규명(20건, 12.9%) 순이었고, 갈등과 언론윤리 프
레임은 똑같이 14건(9.0%)이었다.

사건공시 프레임을 언론사별로 살펴보면 조선일보 13건, 서울신
문 15건, 한겨레 16건으로 엇비슷했다. 이어 문제정의와 언론윤리 프
레임은 한겨레에서 각각 24건, 9건으로 압도적으로 많이 나타났다.
문제정의 프레임이 한겨레에서 많이 나타난 것은 혼외자 의혹 사건
을 국가기관이 개입한 정치공작 사건으로 간주하고 그 의미를 설명
하는 기사를 많이 실었기 때문이다. 진상규명과 갈등 프레임은 조선
일보 기사에서 각각 11건, 9건으로 가장 많이 나타났다. 조선일보에
진상규명 프레임이 많은 것은 혼외자 의혹을 처음 제기한 처지에서
적극적으로 진상을 밝히려 했기 때문이다.

채 전 총장이 사퇴하고 가정부 이씨의 폭로가 있었던 2기에서도
사건공시 프레임(14건, 28%)의 빈도가 가장 높았으나 비중은 1기에
비해 작았다. 그 다음 갈등(11건, 22%), 원인진단(9건, 18%), 문제정
의(8건, 16%), 언론윤리(5건, 10%), 진상규명(3건, 6%) 순으로 나타났
다. 문제정의 프레임은 한겨레(6건)에서, 원인진단 프레임은 서울신

문(6건)에서 높은 비율로 나타났다.

서초구청의 개인정보 유출에 청와대 행정관이 연루된 사실이 드러난 3기에선 사건공시 프레임(39건, 52%)의 비중이 전 구간을 통틀어 가장 높게 나타났다. 이어 진상규명 프레임(27건, 36%)이 많이 나타났다.

사건공시 프레임은 서울신문(19건)에서, 진상규명 프레임은 대부분 한겨레 기사(20건)에서 나타났다. 두 신문 모두 이 문제를 이 사건의 본질로 간주해 많은 분량의 기사를 실었지만, 프레임에서 차이가 났던 것이다. 서울신문이 사건 내용을 알리는 객관적 형식을 선호한 반면 한겨레는 주관적 관점에서 적극적인 보도를 했다고 볼 수 있다. 세 번째로 많은 프레임은 갈등(5건, 6.6%)이었고, 문제정의와 원인진단은 2건(2.7%)씩 같은 비중이었다.

채 전 총장과 임씨의 금전거래 의혹이 불거지고 청와대 4개 비서관실이 동시다발적으로 혼외자 정보 수집에 나섰던 사실이 알려진 4기는 진상규명 프레임(23건, 46.9%)이 사건공시 프레임(19건, 38.8%)보다 유일하게 많이 나타난 구간이다. 사건공시 프레임은 조선일보(10건)가, 진상규명 프레임은 한겨레(15건)가 많았다.

이어 언론윤리 5건(10.2%), 문제정의 프레임 2건(4.1%) 순이었다. 조선일보는 채군 계좌 송금 사실을 크게 다루면서 혼외자 의혹의 진상을 재조명했고, 한겨레는 이를 외면하는 한편 청와대 비서관실의 조직적 개입을 대립적 이슈로 부각하려 애썼다. 서울신문은 한겨레와 비슷한 논조를 유지했지만, 보도 건수는 현저히 적었다.

나가면서

채동욱 전 검찰총장 혼외자 의혹 사건에 대한 조선일보, 서울신문, 한겨레의 보도 프레임을 연구한 결과 보수언론과 진보언론의 논조 차이와 정파성에 따른 편향성을 확인할 수 있었다. 정치적 이념이 뚜렷하지 않은 서울신문의 기사가 형식적으로는 조선일보와, 내용적으로는 한겨레와 가까웠다는 사실은 한국 언론의 이념적 지형과 관련해 시사하는 바가 크다.

저널리즘의 9가지 요소 중 '진실'을 첫 번째로 꼽은 코바치는 "사실the fact을 성실하게 보도하는 것만으로는 더 이상 충분하지 않다. 이제는 사실에 대한 진실the truth about the fact을 보도하는 것이 필요하다"고 지적했다.[99]

이를 채 전 총장 혼외자 의혹 사건에 대한 보수·진보 언론의 보

---

[99] 이종욱, 앞의 책, p.64.

도 프레임에 적용하면 어떤 평가가 나올까. 조선일보는 사실 보도에 충실했고, 한겨레는 진실 보도를 추구했다고 할 수 있을까.

그렇다면 채 전 총장의 사실과 진실은 무엇일까. 많은 사람이 그의 '거짓말'을 지적한다. 그에게 우호적이고 동정적인 일부 법조계 인사들조차 그가 사건 초기에 사실을 부인하고 적극적으로 거짓말 하는 바람에 검찰 조직을 망쳤다고 비판했다.

채 전 총장 사건을 잘 아는 검찰 고위간부는 필자에게 "채 전 총장이 부인할 수밖에 없었던 데는 그럴 만한 사정이 있다고 한다"고 전했다. 그가 말한 '사정'은 가족과 관련된 것이었다. 진위를 확인하기 어려우므로 여기서 그 내용을 공개하진 않겠다. 다만 그 얘기를 듣고 필자가 고개를 끄덕거렸다는 것만은 밝혀둔다. 혼외자 의혹이 사실이고, 당사자가 그런 곤혹스러운 처지에 놓였다면, 그럴 수도 있겠다고.

에필로그

언론은 채동욱 전 검찰총장의 혼외자 의혹 사건에 대해 수없이 많은 기사를 쏟아냈다. 필자의 기사도 그 중 하나였다. 사건 발생 한 달이 지난 후 본격 취재에 들어가 2013년 10월 중순, 관련 기사를 내보냈다(신동아 2013년 11월호).

취재 당시 필자는 많은 선·현직 검찰 간부를 접촉해 이런저런 얘기를 들었다. 그 중 가장 충격적인 얘기는 두 가지였다. 하나는 검찰 수사팀이 혼외자의 친모라는 임모 여인의 산부인과 기록을 압수했는데, 수술동의서에 채 전 총장 서명이 기록돼 있다는 얘기였다. 다른 하나는 채 전 총장이 고향 선산에서 혼외자와 함께 찍은 사진을 법무부 감찰팀이 확보했다는 정보였다.

두 가지 다 평소 잘 알고 지내던 검찰 고위관계자들에게 들은 얘기라 신빙성이 높아 보였다. 그러나 전언傳言이기 때문에 그 상태로는 기사화하기 곤란했다. 필자는 전자의 경우 개인의 내밀한 영역을 지나치게 파고드는 게 아닌가 싶어 더 알아볼 생각을 안 했다. 후자에 대해선 법무부 감찰팀에 확인 취재를 해보았다. 감찰팀 관계자는 긍정도 부정도 하지 않았다.

그로부터 석 달쯤 지난 2014년 2월, 검찰 수사팀이 채 전 총장과 임 여인 모자가 함께 찍은 사진을 확보했다는 검찰발發 언론 보도가 나왔다. 수사팀이 서울 강남의 한 산부인과 병원을 압수수색해 채 전 총장의 서명이 담긴 '보호자 동의서'를 확보했다는 기사도 이어졌다. 검찰은 이 같은 보도에 대해 부인하지 않았다.

신동아 2013년 11월호에 실렸던 필자의 기사에는 사건 초기의 혼란과 의심, 음모 등이 뒤섞여 있다. 채 전 총장을 믿고 지지했던 검사들은 상실감에 빠졌다. 점차 드러나는 사실의 위력 앞에 무기력해졌다. 검찰의 한 고위간부는 필자에게 "솔직히 고위 공직자들 중에 혼외자식 둔 사람이 한두 명이냐"고 항변 아닌 항변을 하기도 했다. 검찰 안팎에선 바야흐로 새로운 권력이 태동하고 있었고 채 전 총장의 '거짓말'에 실망하고 당혹해하는 분위기가 확산됐다. '정치공작'에 분개했던 검사들은 침묵했다.

필자는 사건 이후 채 전 총장에게 여러 차례 인터뷰를 요청했으나 그는 무응답으로 거부 의사를 나타냈다. 서울 집을 떠나 지방 사찰을 전전한다는 얘기가 바람결에 들려왔다. 2015년 8월 중앙일보는 그가 2014년 한 해 동안 전북 완주에서 그림을 그리며 지냈다고 보도했다. 유모 화백의 화실 근처에 작업실을 얻어 하루 10시간 이상 그렸다는 것. 채 전 총장이 그린 그림은 모두 100여 점에 달하는

것으로 알려졌다.[100]

그는 평소 금강경을 즐겨 암송했다. 수백 번을 읽어 줄줄 왼다고 했다. 대검 수사기획관 시절 필자와 만났을 때도 금강경에 심취해 있었다. 집무실에서 필자에게 금강경 몇 구절을 들려준 적도 있다.

2015년 3월, 필자는 오랜 설득 끝에 채 임 여인을 만날 수 있었다. 그녀는 경기도 모처에서 칩거했다. 기사화하지 않는다는 걸 전제로, 세 시간 동안 많은 얘기를 나눴다.

그녀는 대체로 담담한 목소리로 지난 일을 털어놓았으나 아들 얘기를 할 때는 눈가에 이슬이 맺혔다. 아들이 공부 잘한다는 얘기를 할 때는 젖은 눈에 윤기가 돌았다. 미국으로 떠났던 그녀의 아들은 한국으로 되돌아와 수재가 모인다는 모 중학교에 재학 중이다. 그녀는 검찰이 기소한 범죄사실에 대해선 억울하다고 호소했다. 아들을 위해서라도 끝까지 재판을 해서 진실을 밝히겠다고 다짐하기도 했다. 자신이 살아온 얘기를 책으로 펴내고 싶다는 바람도 드러냈다.

집 안을 둘러보던 중 액자에 담긴 사진 몇 장이 눈에 띄었다. 그 중엔 채 전 총장과 모자가 함께 찍은 사진이 있었다. 채 전 총장과

---

100 최경호·서복현, "채동욱, 총장 사퇴 후 1년간 그림만 그렸다", 「중앙일보」, A23면, 2015.8.14.

아이 두 사람만 찍은 사진도 있었다. 아이를 보는 순간, 필자의 입에서 절로 가벼운 신음이 새나왔다. 그것은 전율이었다.

거대한 우주 질서 앞에 인간사 애욕의 소란스러움은 한갓 티끌에 지나지 않거늘… 누가 누구를 꾸짖고, 비웃고, 걱정한단 말인가. 단죄하는 자나 단죄 받는 자나 아침이슬처럼 사라질 존재이거늘.

> 서기관들과 바리새인들이 음행 중에 잡힌 여자를
> 끌고 와서 가운데 세우고
> 예수께 말하되 선생이여 이 여자가 간음하다가 현장에서 잡혔나이다
> 모세는 율법에 이러한 여자를 돌로 치라 명하였거니와
> 선생은 어떻게 말하겠나이까
> 그들이 이렇게 말함은 고발할 조건을 얻고자 하여
> 예수를 시험함이러라 예수께서 몸을 굽히사 손가락으로 땅에 쓰시니
> 그들이 묻기를 마지 아니하는지라 이에 일어나 이르시되
> 너희 중에 죄 없는 자가 먼저 돌로 치라 하시고
> 다시 몸을 굽혀 손가락으로 땅에 쓰시니
> 그들이 이 말씀을 듣고 양심에 가책을 느껴 어른으로 시작하여
> 젊은이까지 하나씩 하나씩 나가고 오직 예수와 그 가운데 서 있는
> 여자만 남았더라
>
> (성경 요한복음 8장 3~9절)[101]

101 대한기독교서회, 『큰글씨성경전서』, 대한성서공회, 2010, p.157.

부록

신동아 2013년 11월호(2013.10.17 발간) 기사

법무부 감찰팀,
채 전 총장과 혼외자 함께 찍은
사진 확보설

'사실'과 '추론'의 경계–채동욱 사건 취재기
조성식 기자 mairso2@donga.com

채동욱 전 검찰총장 혼외자 의혹 사건의 관전 포인트는 두 가지다. 첫째는 혼외자 의혹의 사실 여부, 둘째는 의혹 제기가 '검찰총장 퇴진 공작'과 관련됐는지다. 결론부터 말하자면 두 가지 중 어느 것도 사실로 확정되지 않았다.

9월 6일 조선일보가 처음 보도한 혼외자 의혹은 자매사 TV조선의 후속보도에 힘입어 사실로 굳어지는 양상이다. 채 전 총장과 특별한 관계인 임모 여인 집 가정부를 지냈다는 이모 씨는 TV조선 인터뷰를 통해 채 전 총장이 임 여인 집에 수시로 들렀으며 혼외아들과 여행까지 했다고 폭로했다. 채 전 총장에게 직접 밥상을 차려줬다는 이씨의 증언은 매우 구체적이어서 누구나 믿지 않을 수 없을 정도였다.

하지만 진실의 추는 여전히 사실과 추론의 경계에서 기우뚱거린다. 당사자들이 강력하게 부인하기 때문이다. TV조선 보도 내용에 대해 채 전 총장은 "전혀 사실이 아니다"면서 법적 대응을 천명했다. 조선일보와 한겨레신문에 편지를 보내 자신의 아이는 채 전 총장과 관계 없다고 밝혔던 임 여인도 다시 나섰다. 임 여인은 한겨레신문과의 통화에서 "편지 내용은 다 사실"이라며 다시 한 번 혼외자 의혹을 강하게 부인했다.

불륜이든 아니든 남녀관계는 어느 한쪽이 부인하면 확인하기 어렵다. 더욱이 이번 사건처럼 양측이 다 인정하지 않으면 설사 사실이라도 입증하기가 힘들다. 나아가 두 사람 사이에 자식이 있다는 사실을 밝혀내는 것은 더욱 그렇다. 지금까지 드러난 정황으로 보면 채 전 총장의 혼외자 의혹은 사실일 개연성이 있다. 그럼에도 사실이 아닐 가능성을 완전히 배제할 수 없는 것은 당사자들이 인정하지 않기 때문이다. 진실과 사실이 다를 수 있다는 얘기다. 유전자 검사를 하지 않는 한 말이다.

"총장 될 때 그런 얘기 나돌아"

채 전 총장은 조선일보를 상대로 정정보도 소송을 제기하면서 "조선일보가 추론의 함정에 빠져 사실 확인을 소홀히 했다는 비판을 면키 어렵다"고 주장했다. 조선일보가 내세운 '사실'은 이런 것들이다. '채 전 총장의 지인들이 채 전 총장과 임씨가 잘 아는 관계였다고 말했다' '해당 아동이 다녔던 학교 교직원이 어떤 기록에서 아동의 아버지 이름이 '채동욱'으로 기재된 것을 봤다고 기자에게 말했다' '친구들이 해당 아동으로부터 아빠가 검찰총장이 됐다는 말을 들었다고 기자에게 말했다' ….

언론 보도 관행에 비춰 조선일보가 이런 정황을 근거로 '밝혀졌다'라 거나 '확인됐다' 따위의 단정적 표현을 쓴 것은 지나친 것이었다. 하 지만 의혹을 제기하기에 충분한 정황증거를 확보한 것은 틀림없다. 임 여인의 편지 내용도 이를 뒷받침한다. 그는 편지에서 채 전 총장 과의 인연을 밝히면서 학적부에 아이 아빠 이름을 '채동욱'으로 기 재한 사실을 인정했다.

조선일보의 첫 보도 직후 채 전 총장의 측근인 검찰 고위간부는 기 자에게 "두 사람이 알고 지낸 건 맞는데 여자 쪽에서 일방적으로 그 런 얘기를 흘리고 다닌 것 같다"고 귀띔했다. 임 여인의 자식이 채 진 총장의 혼외자가 아니라는 것을 전제로 한 얘기였다. 반면 채 전 총 장의 선배로 검찰 고위직을 지낸 모 변호사는 "총장 될 무렵 가까운 사람들 사이에서 그런 얘기가 나왔던 게 사실이다. 그런데 차마 당 사자에게 못 물어보겠더라"고 했다.

> "당사자가 사실이 아니라고 하지 않나. 나로선 채 총장을 믿 > 을 수밖에 없다. 그런데 설령 사실이라도 그게 신문 1면 머리 > 기사가 될 정도로 중대한 문제인지 잘 모르겠다. 혼외자를 > 둔 것이 문제라는 건지 그걸 밝히지 않은 것이 문제라는 건 > 지. 관련자 누구도 문제 삼지 않는 상황에서 그것이 검찰총 > 장의 직무와 어떤 관련성이 있다는 건가."

검찰 안팎의 기류는 묘한 변화를 보인다. 사건 초기만 해도 검찰 내 부에선 채 전 총장에 우호적이거나 동정적인 기류가 강했다. 혼외자 의혹의 사실 여부보다 정권 차원의 '총장 찍어내기' 의혹에 대한 관 심이 더 컸다. 채 전 총장이 관련 의혹을 부인하며 조선일보 보도를

'검찰 흔들기'로 규정한 것도 검사들의 의구심에 정당성을 부여했다. 황교안 법무부 장관의 감찰 지시는 울고 싶은데 뺨 때린 격이었다. 자신들의 수장을 사생활 파헤치기로 공격하는 것에 대해 자존심이 상했던 검사들은 황 장관에게 분노를 표출했다.

서울서부지방검찰청 평검사들이 집단성명을 발표한 직후 김윤상 대검찰청 감찰1과장과 박은재 대검 미래기획단장이 검찰 내부 게시판 이프로스e-Pros에 장관을 공개적으로 비판하는 글을 올렸다. 특히 채 전 총장의 '호위무사'를 자처한 김 검사는 항의 차원에서 사의를 표했는데 그의 사표는 9월 말 채 전 총장의 사표와 함께 수리됐다. 서울서부지검 외 몇 군데 검찰청에서도 검사들의 반발 기류가 있었으나 윗선의 만류로 실제 행동으로 표출되지는 않았다.

"여자 문제 없다"

하지만 시간이 흐르면서 검사들은 신중해졌다. 적어도 표면적으로는 반발 기세가 수그러들었다. '진상규명이 먼저'라는 청와대와 법무부 논리가 먹힌 것이다. 여기엔 더 버텨주기를 기대했던 채 전 총장이 사의를 거둬들이지 않은 점도 영향을 끼쳤다. 법무부 고위관계자는 채 전 총장에 대해 안타까워하면서도 "장관의 감찰 지시도 이해는 된다. 대통령을 보좌해야 하는 처지에서 검찰만 생각할 순 없지 않느냐"고 말했다.

채 전 총장 편에 섰던 검사들은 두 부류였다. 혼외자 의혹이 사실이 아니라고 믿는 검사들과, 사실일 가능성을 염두에 두면서도 청와대와 법무부의 총장 사퇴 압박에 항의하는 검사들이었다. 이들은 채 전 총장이 결국 물러나는 걸 지켜보면서 회의와 체념에 빠졌다. 정치 권력의 거대한 힘 앞에 무력감을 느낀 것이다. 채 전 총장이 퇴임하면서 조선일보에 대한 정정보도 청구소송을 취소한 것도 영향을 끼쳤다. '게임 끝났다'는 자조적인 분위기가 형성됐다. 임 여인의 가정부였다는 이씨의 폭로는 쐐기를 박은 셈이었다.

채 전 총장의 혼외자 의혹은 지금으로선 추론만 가능하다. 양 당사자가 부인하고 유전자 검사를 하지 않은 상태에서는 누구도 혼외자 의혹이 사실이라고 단정할 수 없기 때문이다. 채 전 총장은 유전자 검사로 진실을 가리겠다며 결백을 주장하지만 임 여인은 '자식 보호'를 내세우며 협조할 뜻을 보이지 않는다.

검찰 간부 출신으로 채 전 총장의 오랜 지인인 모 변호사는 사건 초기 기자에게 이렇게 말했다.

> "여자가 (다른 사람 아이를) 몰래 키웠을 가능성이 있다. 내가 동욱이와 친한 사이인데 혼외자 얘기는 처음 들었다. 한편으로 걱정도 되지만 난 동욱이를 믿는다. 조선일보 보도 직후 걱정이 돼서 물어봤더니 '난 그렇게 안 살았다'고 하더라. 나도 그 여자가 하는 술집에 몇 번 가봤는데 두 사람 사이에 특별한 게 없었다. 총장 될 무렵 몇몇 기자가 여자문제 없느냐고 물어오기에 동욱이한테 확인해보니 '(여자문제) 없다'고 하더라."

지인들에 따르면, 채 전 총장은 술을 좋아했고 마음 맞는 사람과는 밤새 마시는 스타일이었다. 접대부가 나오는 룸살롱 등 고급 술집은 안 가고 조용한 카페를 즐겨 찾았으며 스폰서를 두지도 않았다고 한다. 전문직인 부인이 술값을 대신 내주는 등 스폰서 노릇을 했다는 것이다. 고검장이 된 후에는 부쩍 술 조심을 했다고 한다.

"채 총장 아이 맞다"

임 여인은 2001년 서울로 올라온 후 청담동에서 레스토랑을, 서초동에서 술집을 운영했다. 서초동 술집은 기자도 가본 적이 있다. 채 전 총장이 2006년 대검 중수부 수사기획관을 할 때였다. 당시 그는 현대차 비자금 사건과 론스타의 외환은행 헐값 매각 의혹사건 수사를 이끌면서 명성을 날렸다. 중수부 수사 내용을 언론에 설명하는 공보관 노릇을 겸했기에 TV에도 자주 나왔다.

당시 기자는 아는 검사와 함께 다른 곳에서 술을 먹다가 채 전 총장 일행이 있는 술집으로 가서 합석했다. 채 전 총장 일행은 홀 안쪽에 있는 방에 자리 잡고 있었다. 룸이긴 했지만 룸살롱이나 단란주점과는 다른 분위기였고 접대부도 없었다. 채 전 총장이 좌장으로 가운데 앉고 양옆으로 중수부 검사들이 있었다. 검사들끼리의 술자리라 기자는 잠깐 앉아 있다가 빠져나왔다. 임 여인은 보지 못했고 그 존재도 알지 못했다. 당시 재벌 비자금 수사를 지휘하면서 법원의 잇따른 영장 기각에 정연한 논리로 맞서던 채 전 총장은 검찰 안팎에서 신망이 두터웠고 출입기자들 사이에서도 평판이 좋았다. 주변에서 '총장감'이라는 말도 나왔다.

'총장감'은 그로부터 7년이 지나 실제로 총장이 됐다. 정권과 불화를 겪으며 임기 6개월 만에 사생활 문제로 낙마할 줄은 꿈에도 몰랐겠지만. 채 전 총장에 우호적인 것으로 알려진 검찰 고위간부는 TV조선 보도가 나오기 전 기자와 만난 자리에서 냉정하게 말했다.

> "수사를 해본 검사라면 누구나 인정할 수밖에 없는 정황이다. 난 채 총장 아이가 맞다고 본다. 채 총장으로선 일단 부인할 수밖에 없겠지만."

그의 분석에 따르면 채 전 총장의 혼외자 의혹을 부인한 임 여인의 편지가 오히려 결정적 정황증거라는 것이다.

> "임 여인의 편지는 두 사람이 보통 관계가 아니었음을 암시한다. 채 총장이 동의했든 안 했든 여자가 아이를 낳았고 이후 채 총장은 그 사실을 최소한 묵인했던 것으로 보인다. 임 여인은 편지에서 미혼모가 아이를 키우는 것을 언급하며 사람들의 동정심에 호소했다. 편지에는 채 총장을 옹호하는 표현이 필요 이상으로 많다. 사전에 누군가의 조언을 받았을 가능성이 크다. 아이 아버지가 채 총장이 아니라면서도 굳이 성을 '채 씨'라고 밝힌 데 주목할 필요가 있다. 아이의 장래를 생각해 임 여인이 안전장치 하나를 걸어놓은 셈이다. 자신이 채 총장을 구하기 위해 사실과 다른 주장을 하긴 하지만 그 부분만큼은 양보할 수 없다는 뜻을 명확히 나타낸 것이다. 즉, 최소한의 자존심을 내세운 것이고, 채 총장도 그 부분은 어쩔 수 없었던 것으로 보인다."

법조계 인사들의 단골술집

채 전 총장이 임 여인과 한때 특별한 관계였던 건 맞지만 혼외자를 자신의 아들로 인정하지 않았다는 얘기도 들린다. 사정기관 주변에서는 2010년 임 여인이 당시 대전고검장이던 채 전 총장을 찾아갔다가 문전박대당한 것도 아이 문제 때문이었다는 얘기가 흘러나온다. 아이를 호적에 올려달라는 임 여인의 요청을 채 전 총장이 묵살하는 바람에 그런 해프닝이 발생했다는 것이다.

사실 혼외자를 낳아서 학적부에 아버지 이름을 그대로 올리는 경우는 흔치 않다. 그 점은 임 여인의 편지 내용 중 가장 의심스러운 대목이기도 하다. 혼외자라면 친부 이름을 감추는 게 상식이기 때문이다. 더욱이 그 시점은 채 전 총장이 고검장으로 승진해 주변관리를 할 때였다. 이런저런 정황에 비춰보면 채 전 총장의 태도에 화가 난 임 여인이 그의 동의 없이 학적부에 이름을 올렸고 채 전 총장은 그 사실을 몰랐거나 나중에 알고도 무시하다가 이런 사태를 맞았을 개연성이 있다.

1993년부터 부산에서 주점을 한 임 여인은 2001년 서울에 올라온 것으로 전해진다. 이듬해 7월 혼외자를 낳았다. 당시 채 전 총장은 대검 마약과장이었다. 임 여인은 아들을 낳은 후 청담동에 레스토랑을 차렸고 채 전 총장은 부산에서와 마찬가지로 단골로 출입했다.

한 가지 흥미를 끄는 것은 과거 임 여인이 부산에서 술집을 할 때 단골로 가깝게 지냈다는 남자들의 명단이다. 기자가 모종의 경로로 확인한 명단에는 모두 4명의 남자가 있다. 모두 사업가들이다. 그중 한 사람은 채 전 총장과도 친분이 두터웠다고 한다.

검찰 주변에서는 법무부 감찰팀이 채 전 총장이 혼외자와 선산에서 함께 찍은 사진을 확보했다는 얘기가 들린다. 감찰팀이 선산을 찾아간 것도 현장 확인을 하기 위해서였다는 것이다. 이 얘기는 검찰 고위 간부한테도 들을 수 있었다. 그는 "법무부 감찰팀에도 검사들이 있는데 허투루 조사했겠느냐"고 말했다. 안장근 법무부 감찰관은 이에 대해 긍정도 부정도 하지 않았다.

다음은 안 감찰관과의 통화내용.

▼ 채 총장이 혼외자와 선산에서 함께 찍은 사진을 확보한 감찰팀이 현장 확인차 선산을 방문했다는 게 사실인가.

"전화로 말하기 곤란하다는 걸 이해해 달라."

▼ 확인만 해달라. 아니면 아니라고.

"(답변 못하는 것을) 이해해달라."

▼ 만나면 얘기할 수 있나.

"만나도 똑같은 답변을 할 수밖에 없다."

▼ 감찰 결과를 발표할 때 구체적으로 밝히기 곤란한 점이 있다고 했는데 이 부분도 거기에 포함됐나.

"발표한 그대로다."

▼ 확인도 부인도 않는 것인가.

"법무부 대변인 통해 발표한 내용을 액면 그대로 이해해달라."

▼ 제가 물어본 내용이 맞나.

"더 얘기하면 오해만 받는다."

황교안 법무부 장관은 10월 1일 국회 긴급현안 질의에 출석해 감찰팀이 채 전 총장의 선산을 방문한 이유에 대해 "유력한 참고인 진술의 신빙성을 확인하기 위해서였다"며 "신빙성을 확인할 수 있는 자료를 확보했다"고 밝힌 바 있다.

채 전 총장은 기자의 거듭된 인터뷰 요청에 아무런 응답을 하지 않았다. 가까운 지인들의 전화도 받지 않는 것으로 알려졌다. TV조선 보도 이후 검찰 출입기자들 사이에서는 '대세가 기울었다'는 얘기가 나왔다. 그러나 한 중앙일간지 출입기자는 최근 기자에게 "혼외자 의혹은 사실이 아니라고 본다"고 말했다.

조선일보를 제외한 대부분의 언론은 채 전 총장의 혼외자 의혹에 대해 매우 신중한 태도를 견지했다. 또 의혹 자체보다 의혹이 제기된 과정에 더 관심을 가졌다. 기자도 마찬가지다. 여기엔 두 가지 이유가 있다. 첫째는 국가정보원 댓글사건 수사 등으로 여권과 불편한 관계였던 검찰총장의 사생활 문제가 갑자기 불거진 배경이 궁금했기 때문이다. 그러잖아도 당시 검찰 주변에서는 '청와대가 채 총장을 가만두지 않으려 한다' '추석을 전후해 채 총장의 수족을 자르는 인사가 단행된다'는 얘기가 공공연히 돌았다. 인사 대상자 명단까지 나돌 정도였다.

둘째는 조선일보 보도가 일반적인 사생활 관련 보도와는 성격이 달랐기 때문이다. 불륜이나 혼외자 등 사생활 문제는 흔히 어느 한쪽의 폭로로 촉발된다. 과거 사례를 보면 대체로 여자나 혼외자 쪽에서 문제를 제기한다. 호적 등재나 양육비, 유산 문제 등이 주된 동기다. 가까운 예로 2009년 이만의 환경부 장관이 혼외자로부터 친자

확인소송을 당한 일이 있다. 이 장관은 패소했는데 끝내 유전자 검사는 거부했다. 이처럼 사생활 문제는 어느 한쪽이 제기하지 않으면 언론에 보도되는 경우가 드물다. 그런 점에서 조선일보 보도는 이례적이었다.

정보기관의 개입 사례

보도 직후 검찰 안팎에서는 '청와대와 국정원의 합작품'이라는 얘기가 나돌았다. 검찰 특수통으로 고위직을 지낸 한 변호사는 조선일보 보도가 나온 직후 기자에게 "사람을 통해 알아봤는데 청와대 작품이다"라고 잘라 말했다. 이미 많은 언론이 지적한 바지만, 학적부나 출입국 기록, 가족관계등록부 기재사항은 정상적인 취재방법으로는 확인하기가 어려운 내용이다. 조선일보가 당사자 확인 취재를 하지 않은 상태에서 '밝혀졌다' '확인됐다' 따위의 확정적 표현을 쓴 것은 '확신' 없이는 있을 수 없는 일이라는 게 언론계의 중론이다. 과연 조선일보의 확신은 어디에서 비롯된 것일까.

강골 검사의 상징으로 통했던 원로 법조인은 채 전 총장의 혼외자 의혹에 대해 "드러난 정황으로만 봐도 100% 사실"이라고 단정하면서 "당사자가 강력히 부인하는 데도 조선일보가 자신 있게 치고 나오는 데는 다 그만한 이유가 있을 것"이라고 추정했다.

> "이미 정보기관에서 혈액형은 물론 어쩌면 유전자 검사까지 해서 청와대나 조선일보에 넘겨줬을 것이다. 모 기관 정도의 실력이면 얼마든지 채 총장이나 아이에게 접근해 유전자 검

사에 필요한 재료를 채취할 수 있다."

이 변호사의 경험에 따르면 정보기관은 과거에도 종종 정권을 불편하게 하는 인사를 내칠 때 사생활 폭로 공작을 펼쳤다고 한다. 한 예로 김대중 정부 시절 대선후보를 꿈꾸던 모 정당 실력자 Q씨가 하루아침에 주저앉은 것도 정보기관의 공작 때문이었다고 한다. 정보기관으로부터 Q씨가 여자와 만나는 시간, 장소를 통보받은 수사기관이 현장을 급습해 확실한 물증을 확보했다는 것이다.

> "한번은 방송사가 정보기관으로부터 정보를 받아 검찰 간부
> 의 비리를 보도한 적이 있다. 수사에 착수한 우리가 자료 협
> 조 요청을 하자 자료를 넘겨줬는데 거기에 도청기록까지 있
> 었다. 실수로 해당 검사에 대한 도청자료까지 넘긴 것이다."

청와대가 채 전 총장 사건에 개입했다는 의혹이 처음 불거져 나온 곳은 검찰 내부다. 이를 바탕으로 민주당과 언론은 청와대 개입 의혹을 구체적으로 제기했다.

사건 초기 언론 보도 중 가장 흥미로운 것은 9월 13일 채널A 보도다. '혼외아들 발언지는 청와대 민정수석실'이라는 제목의 뉴스로, 주 내용은 다음과 같다. △(조선일보 보도가 나오기 이틀 전인) 9월 4일 서울 강남 음식점에서 청와대 인수위원회에서 활동했던 인사들이 모였다. △참석자 중 한 명이 "청와대가 채동욱 총장과 관련한 비위자료를 다 수집했다고 한다. 조만간 사퇴하게 될 것"이라고 말했다. △이 얘기를 들은 다른 참석자가 검찰 내부에 이 말을 전했고 검찰 지휘부도 이상기류를 감지했다. △지난달(8월) 중순에는 강남 호프집에서 검찰 중간간부 A씨와 조선일보 관계자가 만났다. 이 자

리에서 조선일보 관계자가 "청와대에서 채 총장의 여자문제 조사를 다 끝냈다. 9월 초 문제가 불거질 것이다"고 말했다.

9월 16일 동아일보는 청와대 민정수석실이 임 여인과 아들의 혈액형 등 관련자 개인정보를 파악했다고 보도했다. 9월 8일 홍경식 민정수석비서관이 채 전 총장을 만나 임 여인의 전화번호를 건네며 "전화해보라"고 권유했다는 것이다.

또 민정수석실 관계자는 8일부터 가까운 검사들에게 전화를 걸어 다음과 같은 얘기를 하며 채 전 총장의 혼외자 의혹을 기정사실화했다고 한다. "채 총장의 혈액형은 A형, 임씨는 B형, 임씨 아들은 AB형이라는 사실을 확인했다. 이것은 채 총장에게 혼외아들이 있다는 유력한 근거다. 채 총장은 이제 끝났다. 임씨 아들 학적부에 아버지 이름이 '채동욱'으로 기재된 사실도 확인했다."

"제보자 신분 못 밝히지만 다 팩트"

임 여인의 전화번호나 혈액형, 학적부 기록은 하나같이 관계기관의 협조 없이는 알아낼 수 없다. 김기춘 청와대 비서실장은 "청와대가 관여하거나 개입한 일은 전혀 없다"고 부인했다.

민주당에서 청와대 개입 의혹을 처음 제기한 사람은 박지원 의원이다. 박 의원은 9월 16일 오전 국회 법제사법위원회 전체 회의에서 "이중희 청와대 민정비서관과 김광수 서울중앙지검 공안2부장이 8월 한 달간 채 총장을 사찰했고 관련 자료를 공유했다"고 주장했다. 박 의원에 따르면 곽상도 전 민정수석이 이 비서관에게 채 총장 사찰 파일을 넘겼고 이후 청와대에서 채 총장을 사찰했다는 것이다. 박 의원은 이 같은 정보를 "검찰 내부의 확실한 사람한테 취득했다"고 밝혔다.

이에 대해 김 부장은 "이 비서관과 친분이 있어 통화한 사실은 있지만 총장 사찰은 전혀 사실이 아니다"라고 강하게 부인했다. 이 비서관도 주변에 "억울하다"는 반응을 보인 것으로 알려졌다.

10월 1일엔 신경민 의원이 국회 긴급 현안질문에서 또 다른 의혹을 제기했다. 신 의원 발언 요지는 이렇다. △6월 검찰이 국정원 댓글사건 관련자들을 기소한 후 곽상도 민정수석이 경찰 출신 서천호 국정원 2차장에게 채 총장 사생활 자료를 요청했다. △서 차장은 "국정원이 재판과 수사를 받는 만큼 직접 하는 것은 곤란하니 경찰 정보라인을 통해 수집하겠다"고 말했다. △8월 하순 이중희 민정비서관이 김광수 서울중앙지검 공안2부장에게 전화해 "총장 곧 날아간다. 곧 보도가 나올 것이다. 줄 똑바로 서라. 국가기록원(NLL 대화록 실종사건) 수사는 검찰총장에게 보고하지 말고 청와대에 직보하라"고 얘기했다.

신 의원은 기자의 확인 요청에 "검찰 내부에서 나온 얘기로, 제보자 신분은 밝힐 수 없지만 거의 다 팩트"라고 대답했다.

한편 9월 15일 밤 검찰 내부 게시판에선 흥미로운 일이 벌어졌다. 국정원 댓글사건 수사에 참여했던 한 검사가 '검찰 수사 및 검찰총장 음해 의혹'이라는 제목의 글을 올렸는데 얼마 후 삭제된 것이다.

이 검사의 글은 다음과 같다. 먼저 국정원 댓글사건 수사와 관련한 글이다. △민정은 공직선거법위반이 어렵다고 검토의견 △특별수사팀의 선거법 위반 기소·영장 청구 의견을 채 총장이 수용한 뒤 법무부에 보고 △법무부는 구속영장 청구 및 공직선거법 기소 의견 모두를 불수용 △민정수석은 수사지휘 라인에 있는 간부에게 전화해 공직선거법위반 혐의가 바람직하지 않다는 의견을 피력 △특별수사팀의 '기소 후 수사' 과정에서 추가 압수수색에 대해 민정과 법무부는 '부적절' 입장을 피력.

이어 그는 채 전 총장 사건에 대한 청와대 개입을 주장했다. △민정수석은 검찰총장의 사생활에 문제점이 없는지 확인하도록 지시 △민정비서관은 일부 검사에게 조선일보 보도 예정 사실을 알렸고 그 무렵 일부 검사에게는 총장이 곧 그만둘 것이니 동요치 말라는 입장을 전달 △검찰총장 감찰은 발표 당일까지 법무부 내부에서는 검토되지 않았음.

검찰 게시판 글 삭제사건

민주당 이춘석 의원은 "이 검사는 글을 올린 지 6분 만인 밤 10시 50분 청와대 파견 검찰 출신 이모 행정관으로부터 협박성 전화를 받고 글을 내렸다"고 주장했다. 문제의 글을 게재했던 검사는 기자와의 통화에서 "국정원 사건 재판에 전념해야 한다. 아무런 얘기를 할 수 없는 처지임을 양해해달라"고 말했다. 국정원 댓글사건 수사를 이끈 검찰 간부는 "할 말은 많지만 나중에 하겠다. 지금은 재판에 집중할 때"라고 말해 여운을 남겼다. 그는 채 전 총장의 신임을 받았던 것으로 알려졌다.

채 전 총장의 절친한 지인은 "곽 전 수석이 (조선일보 보도 전) 여기 저기 그런 얘기를 하고 다녔다고 들었다"라고 전했다.

하지만 검찰 고위간부는 "곽 전 수석이 주변에 '채 총장에게 여자 문제가 있다'는 정도만 얘기한 것으로 안다"며 "이중희 비서관 개입 의혹도 근거가 약하다"고 말했다. 그에 따르면 곽상도–이중희 라인 으로 대표되는 청와대 개입 의혹은 검찰 내부에서 더는 거론되지 않 으며, TV조선 보도 이후엔 채 전 총장의 혼외자 의혹이 가정부였다 는 이씨 또는 임 여인 주변 인물의 제보에서 비롯됐다는 얘기가 나 온다고 한다.

또 다른 고위간부는 "이제 다 끝난 일"이라며 "검사들도 다 진정됐 다"고 내부 분위기를 전했다.

곽 전 수석은 전화를 받지 않았다. 휴대전화 문자메시지로 용건을 남겼으나 응답하지 않았다. 이중희 민정비서관과도 연락이 닿지 않 았다. 민정비서관실 여직원이 두 차례 전화를 받았는데 "자리에 없 다"는 말을 되풀이했다. 신분을 밝히고 전화번호를 남겼으나 연락 해오지 않았다. 세 번째 전화할 때는 아예 받지 않았다.

채 전 총장과 청와대의 갈등에 대해 그의 오랜 지인은 이런 얘기를 들려줬다.

> "채 총장은 불만을 속으로 삭이는 스타일이다. 술자리에서
> 한 번도 청와대나 법무부에 대해 불평한 적이 없다. 공안통
> 은 상부의 판단을 중시한다. 반면 특수통은 수사검사의 의
> 견을 중시한다. 유무죄 판단은 일선 검사가 해야 한다는 것

이 특수통 채 총장의 지론이었다. 공안을 안 해본 채 총장이기에 위에서 보기엔 불안할 수밖에 없었을 것이다. 사실 국정원 댓글사건 수사는 공안사건인데 특수수사처럼 진행된 면이 있다. 언젠가 채 총장이 '친구야, 나를 지켜봐달라'고 말했던 기억이 난다."

참고문헌

〈동양문헌〉

단행본

강명구,『한국 저널리즘 이론』, 서울: 나남, 1994.

강준만,『권력변환: 한국언론 117년사』, 서울: 인물과사상사, 2000.

남시욱,『한국 진보세력 연구』, 서울: 청미디어, 2009.

대한기독교서회,『큰글씨성경전서』, 서울: 대한성서공회, 2010.

이동훈·김원용,『프레임은 어떻게 사회를 움직이는가』, 서울: 삼성경제연구소, 2012.

조상호,『한국언론과 출판저널리즘』, 파주: 나남, 1999.

한국교육평가학회,『교육평가용어사전』, 서울: 학지사, 2004.

학술지

강내원, "사회갈등 보도 기사의 비판적 읽기: 언론의 새만금 간척사업과 프레이밍에 대한 갈루아 래터스 분석",『한국언론학보』, 46권 3호, 2002년 여름, pp.5~44.

강명구, "한국 언론의 구조변동과 언론전쟁",『한국언론학보』, 48권 5호, 2004.10, pp.319~348.

곽정래·이준웅, "김대중 노무현 정부시기 탈북자 문책에 관한 언론의 프레임 유형 연구: 조선일보 한겨레 등 5대 일간지 사설을 중심으로",『한국 언론학보』, 53권 6호, 2009.12, pp.197~217.

김동규, "사회갈등 보도의 새로운 방향 찾기",『한국언론학보』, 45권 1호, 2000년 겨울, pp.5~32.

김동률, "언론의 정치권력화: 재벌정책 보도의 정권별 비교 연구",『한국언론정보학보』, 45호, 2009년 봄, pp.296~340.

김원용·이동훈, "신문의 보도 프레임 형성과 뉴스 제작 과정에 대한 연구",『한국언론학보』, 48권 4호, 2004.8, pp.351~380.

김원용·이동훈, "언론 보도의 프레임 유형화 연구: 국내 원자력 관련 신문보도를 중심으로", 『한국언론학보』, 49권 6호, 2005.12, pp.166~197.

김정아·채백, "언론의 정치 성향과 프레임: '이해찬 골프'와 '최연희 성추행' 사건 보도를 중심으로", 『한국언론정보학보』, 41호, 2008년 봄, pp.232~267.

김정현, "언론의 사회적 현실구성에 관한 논의", 『한국언론학보』, 45권 4호, 2001년 가을, pp.35~75.

김준철, "언론의 권력과의 관계에 대한 이론적 의미", 『출판문화학회보』, 10권 1호, 2002, pp.16~35.

김지혁, "프랑스 대통령선거 보도사례 토론: 어디까지 사생활의 영역으로 봐야 할까", 『신문과 방송』, 443호, 2007.11, pp.109~112.

김창룡, "공인의 사생활 보호와 공개: 공직자의 정보 철저히 보도해야" 『신문과 방송』, 355호, 2000년 7월, pp.61~64.

김춘식·이영화, "참여정부의 언론정책에 관한 뉴스프레임 연구: '취재지원 시스템 선진화 방안' 보도 분석을 중심으로", 『한국언론학보』, 52권 2호, 2008.4, pp.303~327.

남재일, "1987년 민주화 이후 취재관행에 나타난 정권-언론관계 변화: 청와대 출입기자의 경우", 『한국언론학보』, 50권 4호, 2006.8, pp.95~124.

박기수, "4대강 사업 뉴스에 대한 보도 프레임 연구: 경향신문 동아일보 한국일보 등 3개 종합일간지를 중심으로", 『한국언론학보』, 55권 4호, 2011.8, pp.5~26.

손승혜·이귀옥·이수연, "의료복지 기사의 주요 특성과 프레임 비교 분석: 김영삼 정부부터 이명박 정부까지 정권의 변화와 언론사의 이념적 성향에 따른 차이", 『한국언론학보』, 58권 1호, 2014.2, pp.306~329.

손영준, "미디어 이용이 보수·진보적 의견에 미치는 영향", 『한국언론학보』, 48권 2호, 2004.4, pp.240~266.

송용회, "미디어, 프레임, 현실구성: 미디어 프레임 연구의 과제와 발전방향모색을 위한 소고", 『프로그램/ 텍스트』, 13호, 2005, pp.132~144.

양승목, "언론과 여론: 구성주의적 접근", 『언론과 사회』, 17권, 1997.9, pp.6~40.

양정혜, "사회갈등의 의미 구성하기: 의료분쟁 보도의 프레임 분석", 『한국언론학보」, 45권 2호, 2001.3, pp.284~315.

연지영·이건호, "성과 정치 리더십에 대한 언론 프레임 연구: 18대 대통령선거 보도를 중심으로", 「한국언론학보」, 58권 1호, 2014.2, pp.199~225.

원만해·채백, "'천성산 고속철도 관통'보도에서 나타나는 중앙지와 지역지의 뉴스 프레임 비교연구", 「한국언론학보」, 51권 1호, 2007.2, pp.199~228.

이건호·고흥석, "취재원 활용을 통해 살펴본 한국 신문의 보도시각 고찰: 미국 쇠고기 수입 관련 기사에 나타난 취재원 신뢰도와 유인가 (valence) 분석을 중심으로", 「한국언론학보」, 53권 2호, 2009.6, pp.347~369.

이재진, "SBS의 DJ 숨겨진 딸 보도로 본 공인의 사생활 보호: 보도의 대상이 되는지 엄격한 잣대 적용해야", 「신문과방송」, 414호, 2005.6, pp.44~47.

이준웅, "언론의 틀짓기 기능과 여론의 변화", 「언론과 사회」, 17호, 1997.9, pp.100~135.

이준웅, "프레임, 해석, 그리고 커뮤니케이션 효과", 「언론과 사회」, 29호, 2000 년 가을, pp.85~152.

이준웅, "갈등적 이슈에 대한 뉴스프레임 구성방식이 의견 형성에 미치는 영향", 「한국언론학보」, 46권 1호, 2001년 겨울, pp.441~482.

이준웅, "갈등적 사안에 대한 여론 변화를 설명하기 위한 프레이밍 모형 검증연구", 「한국언론학보」, 49권 1호, 2005.2, pp.133~162.

임미영·안창현·감규식·유홍식, "박근혜에 대한 보도 프레임 분석: 조선일보와 한겨레를 중심으로", 「언론과학연구」, 10권 3호, 2010.9, pp.457~498.

조경숙·한균태, "한국 신문의 공정성에 대한 고찰: 미디어관련법 개정 보도 에 대한 프레임 분석을 중심으로", 「사회과학연구」, 36권 3호, 2010, pp.133~165.

최선규·유수정·양성은, "뉴스 시장의 경쟁과 미디어 편향성: 취재원 인용을 중심으로", 「정보통신정책연구」, 19권 2호, 2012, pp.69~92.

최영재, "언론 자유와 공정성", 「한국언론학보」, 48권 6호, 2004.12, pp.326~342.

최영재, "언론의 정파성과 대통령 보도, 그리고 언론자유", 「언론과 법」, 4권 2호, 2005, pp.49~80.

최현주, "한국 신문 보도의 이념적 다양성에 대한 고찰: 6개 종합일간지의 3개 주요 이슈에 대한 보도 성향 분석을 중심으로", 「한국언론학보」, 54권

3호, 2010.6, pp.399~426.

논문

권순모, 『한국신문의 공정성에 관한 연구: 동아 중앙 한겨레 경향의 종편 도입 관련 보도를 중심으로』, 고려대학교 대학원 석사학위논문, 2011.2.

김현우, 『사회적 갈등 이슈에 관한 뉴스 프레임 분석-택시법 보도를 중심으로』, 한양대학교 대학원, 석사학위논문, 2013.8.

박남규, 『언론자유와 개인법익간 충돌에 관한 연구-한국의 명예훼손과 사생활 침해에 관련된 판례 분석을 중심으로』, 강원대학교 대학원, 석사학위논문, 1998.8.

박미선, 『교과서 논란 신문 보도에 대한 프레임 연구-교학사 역사교과서 사건을 중심으로』, 중앙대학교 대학원 석사학위논문, 2014.2.

신황호, 『박근혜 정부 각료 선임 청문회 관련 언론 프레임 연구: 김종훈장관 후보자에 대한 진보-보수 언론을 중심으로』, 중앙대학교 대학원 석사학위논문, 2013.8.

심흥식, 『한국 언론의 보수와 진보 프레임에 관한 분석적 고찰-조선일보와 한겨레신문의 한미FTA 사설 분석』, 경기대학교 대학원 박사학위논문, 2013.2.

안정순, 『다문화사회에 대한 보도 프레임 연구-2010년과 2011년 한겨레신문과 조선일보를 중심으로』, 중앙대학교 대학원 석사학위논문, 2013.2.

이승기, 『갈등이슈에 대한 한국 TV 뉴스의 프레임 연구: '미국산 쇠고기 수입 파동' 관련 방송보도를 중심으로』, 성균관대학교 대학원, 석사학위논문, 2009.8.

이승수, 『국정원 여직원 사건에 대한 뉴스 프레임 연구-조선일보와 한겨레신문 중심으로』, 중앙대학교 대학원 석사학위논문, 2013.8.

채혜원, 『'여풍(女風)'에 대한 언론 보도 프레임 연구: 일간지와 여성주의매체비교를 중심으로』, 이화여자대학교 대학원, 석사학위논문, 2013.12.

홍재덕, 『사생활의 비밀보장과 언론의 자유와의 관계』, 경희대학교 대학원, 석사학위논문, 1993.8.

언론 보도

김경은, "언젠가 드러나는 공공연한 비밀", 「주간경향」, 2005.4.29.

김기찬·이상재·박민제·노진호, "대법, '쌍용차 정리해고는 정당, 긴박한 경영상 필요'", 「중앙일보」, 6면, 2014.11.14.

김명진·손승욱, "나는 DJ의 딸입니다. 진승현 게이트와 국정원 특수사업의 실체", 「SBS」 뉴스추적, 2005.4.19, http://tv.sbs.co.kr/pursi.

김선식, "'채동욱 혼외자 정보유출 혐의' 청 행정관에 면죄부", 「한겨레」, 9면, 2014.11.18.

김원철, "검찰 '채동욱 먼지털기'로 '불법 뒷조사' 물타기 하나", 「한겨레」, 5면, 2014.3.25.

김원철, "첩보 입수경위 확인 못한 채··· 청와대에 '합법 감찰' 면죄부", 「한겨레」, 12면, 2014.5.8.

김은정, "임씨, '식구에게도 '蔡총장이 아이 아버지'라고 얘기'", 「조선일보」, A3면, 2013.9.11.

김지영, "30여 년 전에 무슨 일 있었기에··· '친자 소송'에 발목 잡힌 장관", 「시사저널」 1048호, 2009.11.17.

김한솔, "'채동욱 혼외자' 정보유출 '꼬리'만 실형", 「경향신문」, 14면, 2014.11.18.

남성원, "공직자 혼외자 보도는 공적 영역, 악의적 공격이라면 명예훼손", 「신동아」, 2013년 11월호, pp.174~177.

뉴스와이어, "공직자 사생활 보호 47.1%, 알 권리 차원 공개 44.8", 2013.9.16, 2014.11.18.www.newswire.co.kr.

뉴스플러스, "'채동욱 사건' 前 서초구 국장만 실형 선고", 「서울신문」, 9면, 2014.11.18.

박병수·석진환, "전작권 전환 사실상 무기 연기··· 박근혜 정부 '군사 주권' 포기", 「한겨레」, 1면, 2014.10.24.

박정훈, "그래서 어떻다는 말이냐", 「조선일보」, A39면, 2009.11.19.

박정훈, "채동욱 총장과 이만의 장관의 차이", 「조선일보」, A30면, 2013.9.13.

사설, "대리기사 폭행 사건과 세월호 사건의 본질", 「한겨레」, 23면, 2014.9.20.

사설, "세월호 가족대책위가 치외법권의 권력기관인가", 「동아일보」, A39면,

2014.9.19.

사설, "세월호 유족들, 국민 눈에 비친 자신 모습 돌아볼 때", 「조선일보」, A39
　　면, 2014.9.19.

사설, "'큰 실수 했다'는 세월호 가족, 외면하지 말아야", 「경향신문」, 31면,
　　2014.9.22.

손제민, "국군 능력부족?… 전작권 환수 '무기한 연기'", 「경향신문」, 1면,
　　2014.10.24.

송원형·김은정, "[단독] 채동욱 검찰총장 婚外아들 숨겼다", 「조선일보」, A1면,
　　2013.9.6.

신동진, "'蔡군 정보조회' 국정원 前-現직원 유죄", 「동아일보」, A12면,
　　2014.11.18.

신동진·정세진, "'긴박한 경영상 필요' 사측 손들어줘", 「동아일보」, A14면,
　　2014.11.14.

유용원, "戰作權 전환 10년 이상 늦춘다", 「조선일보」, A01면, 2014.10.24.

이건혁, "'폭행시비' 세월호 가족대책委 집행부 전원 사퇴", 「동아일보」, A1면,
　　2014.9.18.

이경미·전종휘·박승헌, "5년 버틴 '복직 꿈' 대법서 무너지다", 「한겨레」, 1면,
　　2014.11.14.

이금준, "[단독 입수] 이외수 '혼외 아들' 소송, '합의 조정 내용' 공개", 「아시아경
　　제」, 2013.5.6.

이동현·조민진, "'DJ 딸' 논란 당사자 심경토로 2시간", 「문화일보」, 2006.3.16.

이본영, "조선일보 '하수구 저널리즘' 비판하더니…", 「한겨레」, 5면, 2013.9.7.

이윤주·조원일, "끝내 못 닦은 눈물", 「한국일보」, A01면, 2014.11.14.

이정연·서영지·정환봉, "'채동욱 찍어내기'에 국정원 가담했나", 「한겨레」, 2면,
　　2014.1.6.

전수용, "꼬리무는 '채동욱 婚外子' 정보유출 라인(서초구청 국장→靑 행정관
　　→안행부 국장)… 첫 지시자 누굴까", 「조선일보」, A10면, 2013.12.5.

정석구, "'용기 있는' 조선일보에 바란다", 「한겨레」, 34면, 2014.3.27.

정용수, "전력 키울 시간 벌었지만…킬체인·KAMD 구축 17조 필요", 「중앙일
　　보」, 4면, 2014.10.24.

조성식, "법무부 감찰팀, 채 전 총장과 혼외자 함께 찍은 사진 확보說", 「신동 아」, 2013년 11월호, pp.158~167.

조영익, "[MBC여론조사] 채동욱 감찰, 도덕성 문제 48%, 검찰 흔들기 39.2%", 「MBC」,뉴스데스크, 2013.9.21. www.imbc.com.

조원일, "'채동욱 혼외자 정보유출'靑 행정관만 무죄", 「한국일보」, A10면, 2014.11.18.

조형국, "세월호 가족대책위 임원단 전원 사퇴", 「경향신문」, 13면, 2014.9.18.

최선을, "'폭행시비' 세월호 유족대책위 임원 총사퇴", 「서울신문」, 9면, 2014.9.18.

최연진, "채동욱 혼외자 정보 무단조회 혐의… 조이제 前 서초구청 국장 법정구 속", 「조선일보」, A12면, 2014.11.18.

최재훈·김지섭, "탈선 권력에 용기 있는 비판… 이것이 언론本領", 「조선일보」, A8면, 2014.3.26.

하종훈, "동북아 안보지형 요동… '군사주권 스스로 포기' 논란 커질 듯", 「서 울신문」, 3면, 2014.10.24.

홍준기·이기문·이슬비, "세월호 성금도 냈는데… 날 때린 그들이 유족이라니", 「조선일보」, A12면, 2014.9.18.

〈서양문헌〉

Entman,R. M."Framing: Toward clarification of a fractured paradigm", 「Journal of Communication」, 43(4), Evanston: Northwestern University, 1993, pp.51~58.

Gitlin, Todd, 「The Whole Word is Watching: Mass Media in the Making and Unmaking of the New Left」, Berkeley, CA: University of California Press, 1980.

Goffman, Erving, 「Frame Analysis: An Essay on the Organization of Experience」, Cambridge, MA: Harvard University Press, 1974.

Griffin, Em, 「A First Look at Communication Theory」, 5ht Edition, Boston:

McGraw-Hill, 2004. 김동윤·오소현 옮김, 『첫눈에 반한 커뮤니케이션 이론』, 커뮤니케이션북스, 개정판, 2012년.

Iyengar, Shanto, 『Is Anyone Responsible?; How television frames political issues』, Chicago, IL: University of Chicago Press, 1991.

Kovach, Bill & Rosenstiel, Tom, 『The Element of Journalism』, New York: Three Rivers Press, 2007. 이종욱 옮김, 『저널리즘의 기본요소』, 서울: 한국언론재단, 2008.

Lakoff, George, 『Don't Think of an Elephant!: Know Your Values and Frame the Debate: The Essential Guide for Progressives』, Vermont: Chelsea Green Publishing, 2004. 유나영 옮김, 『코끼리는 생각하지 마』, 서울: 삼인, 2006.

Tuchman, Gaye, 『Making News: A study in the construction of reality』, New York: The Free Press, 1978.

Wimmer, R. D. & Dominick, J. R., 『Mass Media Research; An Introductin』, 8th Edition, Wadsworth: Cengage Learning, 2009. 유재천·김동규 옮김, 『매스미디어 연구방법론』, 서울: Cengage Learning Korea, 2009.